기독교문서선교회(Christian Literature Center: 약칭 CLC)는 1941년 영국 콜체스터에서 켄 아담스에 의해 시작되었으며 국제 본부는 미국 필라델피아에 있습니다. 국제 CLC는 59개 나라에서 180개의 본부를 두고, 약 650여 명의 선교사들이 이동도서차량 40대를 이용하여 문서 보급에 힘쓰고 있으며 이메일 주문을 통해 130여 국으로 책을 공급하고 있습니다. 한국 CLC는 청교도적 복음주의 신학과 신앙서적을 출판하는 문서선교기관으로서, 한 영혼이라도 구원되길 소망하면서 주님이 오시는 그날까지 최선을 다할 것입니다.

추천사

최승근 박사
웨스트민스터신학대학원대학교 실천신학 교수

『간추린 예배의 역사: 생명의 말씀·세례·성찬』을 저술한 윌리엄 윌리몬(William Willimon) 박사는 많은 신학생과 목회자에게 큰 영향력을 끼치고 있는 신학자다. 그는 많은 책을 저술했고, 많은 목회자가 그의 책들을 읽었다. 한 조사에 따르면 그의 책들은 백 만권 이상 팔렸다. 이 책 역시 1980년에 처음 출판된 이후로 많은 신학생과 목회자에게 읽혔다. 늦은 감이 없지는 않으나 한국어 번역본이 나오게 됨을 매우 감사하게 생각한다.

이 책은 제목이 말해주듯이 예배의 역사에 관한 책이다. 윌리몬 박사는 기독교 예배의 역사를 구약부터 제2차 바티칸공의회가 열린 현재까지 10개의 시대로 나누어 예배의 변천을 말씀과 세례와 성찬을 중심으로 다룬다. 그러나 단순히 말씀과 세례와 성찬이 어떻게 변해왔는지만을 말하지 않는다. 그것들에 직간접으로 영향을 끼치고 영향을 받은 여러 역사-문화-정치적 상황, 인물, 사상 등도 함께 설명하면서 예배의 역사에 대한 큰 그림을 제공한다.

교회 개혁은 예배 개혁과 맞물려 있다. 이 책에서 말하듯이, 예배는 교회의 삶과 사명의 핵심이기 때문이다. 그래서 윌리엄 박사는 예배의 역사에 대한 지식을 중요하게 여긴다. 우리의 과거를 알 때, 우리는 좀 더 나은 미래로 나아가는 길을 찾을 수 있고, 무엇보다도 예배의 본질을 찾을 수 있기 때문이다. 오늘날 우리가 예배에서 고민해야 할 문제는 혁신이 아니라 본질이다. 그는 예배의 본질을 '하나님의 우리를 위한 선물, 그 선물에 대한 우리의 아멘'이라고 표현한다. 그는 말씀과 세례와 성찬이라는 기독교의 풍성한 유산이 오늘날 교회 안에 살아 움직일 때, 본질에 충실한 예배가 될 수 있다고 강조하고 기대한다.

이 책은 예배의 길고 풍성한 역사를 간략하게 간추린 책이다. 따라서 예배의 역사에 대한 세부적인 정보를 제공하지는 않는다. 그러나 예배의 역사에 대한 큰 그림은 충분히 보여준다. 예배의 역사에 대한 사전 지식이 없어도 쉽게 읽을 수 있는 책이기에, 예배의 역사와 본질에 대해 알고자 하는 모든 이에게 이 책을 먼저 읽도록 추천한다. 이 책을 먼저 읽으면서 예배의 역사에 대한 큰 흐름을 잡은 후, 기독교문서선교회(CLC)에서 출간한 제임스 화이트(James F. White)의 『기독교 예배학 개론』이나 에드워드 폴리(Edward Foley)의 『예배와 성찬식의 역사』와 같은 책을 읽으면, 예배의 역사에 대한 충분한 지식을 갖게 되리라 생각된다.

귀한 책을 가독성 있게 잘 번역해 주신 임대웅 박사님께 감사를 드린다. 그리고 예배에 관련된 귀한 책들을 어려운 가운데서도 계속해서 출판해 주시는 기독교문서선교회(CLC)의 사역자들께 예배를 공부하는 한 사람으로서 깊은 감사의 말씀을 전한다.

안덕원 박사
횃불트리니티신학대학원대학교 실천신학 교수

윌리엄 윌리몬 박사는 신학과 현장 목회에 대한 이해와 해석의 깊이와 넓이에서 단연 돋보이는, 북미를 넘어 우리시대를 대표하는 신학자이자 목회자다. 시의적절하면서 수준 높고, 해박하면서도 진솔하며 동시에 가독성도 놓치지 않는 그의 글들은 그동안 수많은 독자들에게 광범위한 영향을 끼쳐왔다. 한국의 교계에는 아쉽게도 소개가 미진했는데 이번에 임대웅 목사를 통해 그의 책이 번역되어 반갑기 그지없다.

이 책은 예배에 대한 방대한 역사적 자료들을 균형 잡힌 시각으로 세밀하게 담아낸 역작이다. 오랜 세월 성실하게 자신을 가꾸어 온 학자의 혜안과 예리한 통찰, 예배의 신비와 가치를 놓치지 않으려는 신실한 목회자의 거룩한 분투를 느낄 수 있는 복된 선물이다.

이 책을 통해 한국의 독자들이 가까운 거리에서 윌리몬 박사의 교회와 말씀, 세례와 성찬에 대한 탁월한 안목과 성찰을 배울 수 있게 되었음이 크나큰 기쁨이며 모쪼록 많은 이들이 윌리몬 박사가 걸어온 신실한 여정의 소중한 열매를 함께 나눌 수 있기를 기대한다.

저자의 의도를 번역으로 오롯이 담아내기란 결코 쉬운 일이 아닌데 역자는 그동안 축적해 온 지식과 경험을 바탕으로 유연하면서도 정확하게 원작의 가치를 살려냈다. 윌리몬 박사와 한국의 독자들 사이에 믿음직스러운 가교를 놓아준 임대웅 박사에게 깊은 감사의 인사를 전한다.

WORD, Water, Wine, and Bread: How Worship Has Changed over the Years
Written by William H. Willimon
Translated by Daewoong Lim

Copyright © 1980, 2014 by William H. Willimon
Originally published in English under the title as
Word, Water, Wine and Bread:How Worship Has Changed Over the Years by Judson Press
P.O.Box 851, Valley Forge, PA, 19482-0851, U.S.A.
Translated and printed by the permission of Judson Press

All rights reserved.
Korean Edition Copyright © 2020 by Christian Literature Center, Seoul, Korea.

간추린 예배의 역사

"생명의 말씀·세례·성찬"

WORD, Water, Wine, and Bread:
How Worship Has Changed over the Years

간추린 예배의 역사: 생명의 말씀·세례·성찬

2020년 5월 30일 초판 발행

지은이	|	윌리엄 H. 윌리몬
옮긴이	|	임대웅

편집	|	구부회, 박민구
디자인	|	박성준, 박하영
펴낸곳	|	(사)기독교문서선교회
등록	|	제16-25호(1980.1.18)
주소	|	서울특별시 서초구 방배로 68
전화	|	02-586-8761~3(본사)031-942-8761(영업부)
팩스	|	02-523-0131(본사)031-942-8763(영업부)
이메일	|	clckor@gmail.com
홈페이지	|	www.clcbook.com

ISBN 978-89-341-2104-6 (93230)

이 도서의 국립중앙도서관 출판예정도서목록 CIP 은서지정보유통지원시스템 홈페이지 (http://seoji.nl.go.kr)와 국가자료공동목록시스템(http://www.nl.go.kr/kolisnet)에서 이용하실 수 있습니다. (CIP제어번호: CIP2020008036)

이 한국어판 저작권은 Judson Press과 독점 계약한 (사)기독교문서선교회가 소유합니다. 신저작권법에 의하여 한국 내에서 보호를 받는 저작물이므로 무단 전재와 무단 복제를 금합니다.

CLC 예배학 시리즈 28

간추린 예배의 역사

윌리엄 H. 윌리몬 지음
임대웅 옮김

CLC

목차

추천자
최승근 박사_웨스트민스터신학대학원대학교 실천신학 교수
안덕원 박사_횃불트리니티신학대학원대학교 실천신학 교수

머리말	9
역자 서문	12
서론	16
제1장 유대교 유산: 성막, 성전, 회당, 식탁	21
제2장 빵과 포도주와 물: 주님의 만찬과 세례	40
제3장 이방 세계에서의 세례와 성찬: 2-3세기	54
제4장 이교도들과의 투쟁: 4-8세기	73
제5장 복잡함과 분열: 중세	94
제6장 개혁과 그에 대한 반응: 16세기	111
제7장 예식서와 청교도: 잉글랜드에서의 개혁	134
제8장 합리주의, 경건주의, 부흥 운동: 종교개혁 이후	160
제9장 낭만주의, 복고주의, 개혁주의: 예전 운동	183
제10장 혁신, 창의, 공감: 현재와 미래	203
후기	220

머리말

몰리 마샬(Molly T. Marshall) 박사
중앙침례신학교신학부 영성형성부 학장, 교수

이 책은 예배를 위한 쉽고도 탁월한 안내서다. 윌리몬 박사는 현대교회들이 정체성을 찾는 데 어려움을 겪는 이유는 교회가 물려준 거대한 유산을 무시했기 때문이라고 본다. "대부분의 개신교 예배에 나타나는 신학적 성경적 천박함"을 안타까워하면서 저자는 기독교 역사의 각 시대들과 실천적 예전에 대한 최근의 이해들을 재점검한다. 그는 기독교 예배 역사에 대한 깊은 성찰이 우리 시대에 필요한 가르침을 제시해 주리라 확고히 믿는다. 우리에게 주어진 유용한 과거를 온전히 캐내야 한다.

윌리몬 박사는 평신도와 목회자들을 불러 그들 교회의 현재 예배 형태를 조사했다. 그리고 그는 예배에 있어 중요한 4개의 필수 요소에 대한 풍성한 견해를 제시해 주는데, 그 4개의 요소란, 말씀, 물, 포도주 그리고 빵이다. 각 요소를 합당하게 표현하는 것이 매 예배마다 주어진 과제다. 교회 음악가이자 작가인 도날드 허스테드(Donald Hustad, 1918-2013)의 말처럼 함께 모여 신앙의 선조들의 지혜를 지킬 때 우리는 "인생의 리허설"로서의 예배를 총체적으로 경험하게 된다.

예배는 하나님께 드리는 인생 훈련이다. 하나님께서는 우리 자신을 "산 제물"로 드리기 원하신다. 영적 허세를 부리라는 뜻이 아니다. 우리가 있는 이 곳이 위엄과 겸비함의 장소라는 사실을 알아야 한다는 의미다. 예배할 때 우리는 삼위일체 하나님같이 된다. 더욱 사랑스럽고, 더욱 관대하며, 보다 호의적이고, 더욱 기쁨에 넘친다. 그때 우리는 거룩함과 인간됨의 풍성한 교제 가운데 거하게 되기 때문이다.

예배는 우리의 삶과 소명이 우리 개인의 소유가 아니라 하나님께서 우리에게 위탁하신 것이라는 사실을 상기시켜 준다. 예배할 때 우리는 거룩한 원조 없이는 우리의 삶을 지탱할 수 없음을 깨닫는다. 우리의 마음이 초월적인 분을 향하여 하나님이 누구이신가를 깨닫는 것이 곧 우리가 누구인지에 대해 안전한 생각을 가져다 준다. 우리는 하나님의 생기인 성령 하나님을 공급받은 흙으로부터 온 연약한 피조물일 뿐이다. 우리의 인간됨에 있어 예배는 필수적이다.

내가 좋아하는 유명한 속담이다.

유대인들이 안식일을 지킨 것이 아니라 안식일이 유대인들을 지켜 줬다.

그렇다. 예배가 우리를 지켜 준다. 우리가 모여 그리스도인의 삶을 연습할 때 하나님께서는 거룩한 영광을 보여 주시며 우리는 그분의 형상으로서의 우리 자신을 드러낸다. 자유교회에 속한 이들에게도 윌리몬은 보다 풍성한 성례전 신학을 되찾으라고 호소한다. 그는 말씀과 성찬을 보다 온전하게 연결해 그들 서로가 대화하도록 하라 한다. 그는 우리가 추구해야 할 신앙 성숙의 유용한 원천인 세례의 중요성과 그 실천에 대한 중요한 견해를 제시해 준다.

이 책을 통해 신학교나 예배학교 혹은 학자들과 실무자들의 모임에서나 볼 수 있는 목회적 학문의 탁월한 은사를 보여 준 윌리몬에게 감사를 드린다. 이 책은 과거로부터 얻을 수 있는 예배에 대한 조망에 기초하면서 또한 지금도 역사하시는 성령님의 활동에도 귀를 기울이도록 교회를 도울 것이다.

역자 서문

임대웅 박사
서울서문교회(청년부) 목사

   이 책은 예배의 역사에 대한 책이다. 역사를 말하기 위해서 단순서술이 아닌 해석이 필수임은 자명한 사실이다. 저자 윌리엄 윌리몬 박사는 예배의 역사를 간소하게 서술하면서 말씀과 성례를 예배 역사 해석의 중심 주제로 잡았다.

   이 책은 예배의 역사에 대한 짧고 쉬운 책이다. 짧기 때문에 지난 2천 년의 예배 역사를 한 호흡에 읽어가면서 지금 우리 교회의 예배는 어떤 역사를 거쳐 어떤 위치에 서 있는가를 바로 볼 수 있다. 쉽기 때문에 예배에 대한 사전 지식을 필요로 하지 않는다. 그저 읽으면 된다. 짧고 쉽게 써서 예배 역사의 큰 그림을 그리게 하는 것이 이 책의 목적이니 신학적 깊이가 없다는 아쉬움은 다른 책들을 통해서 보상 받아야 하는데, 다행히 우리에게는 이미 좋은 책들이 많이 번역되어 있다. 추천사를 써 주신 최승근 교수님이 언급하신 책들도 그런 좋은 책들이다.

예배 관련된 책을 번역하면서 느끼는 큰 어려움 중의 하나는 용어상의 문제다.

유학을 가서 처음 예배 전공책을 보았을 때 "the divine office"가 무엇인지를 몰라 한참 헤맸던 기억이 있다.

Office이니 어떤 사무실이 있는 것인가?

The divine office는 보통 '성무일과'로 번역하는데, 그 말도 사실 어렵다.

용어가 어렵다는 것은 이 분야에 대한 접근 자체를 차단하는 역할을 한다. 지역교회에서 사용하지 않는 용어들이 예배학 서적에 즐비하다 보니 우리 교회 예배와는 큰 상관이 없어 보인다. 어떤 단어들은 여러 번 들어서 알고는 있으나 정확히 그 뜻이 무엇인지 모르는 용어들도 많다. 그런 단어들을 어떻게 번역하면 좋을까.

2천 년 교회 역사 가운데 '개신교'가 등장한 것은 불과(?) 5백 년 전이니, 로마 가톨릭에서 사용되는 예배 용어가 훨씬 많은 것은 어찌 보면 당연한 일이다. 그리고 개신교 신자들이 로마 가톨릭 용어에 익숙하지 않은 것도 당연하고. 로마 가톨릭 전례에서 사용하는 용어를 그대로 사용할 것인가, 개신교 신자들에게 편안한 용어도 대체할 것인가.

고민 끝에, 보다 많은 개신교인이 쉽게 예배의 역사에 발을 들이고 관심을 갖게 하기 위해 가능한 모든 용어를 쉽고 평이하게 풀어서 번역하기로 했다. 이 책과 같이 짧고 쉽게 쓴 책은 가독성이 생명과도 같다고 여겼기 때문이다.

아까 말했던 "성무일과"나 "견진성사"(Confirmation)같이 많이 알려진 단어들이나 "대영광송"(Gloria in Excelsis)같이 용어 자체에서 의미를 알 수 있는 단어들은 가톨릭 용어를 그대로 사용했다. 하지만 "성체거양"(the elevation of the host)은 "사제가 빵을 높이 들어 올리는 행위"로 번역하고 역주를 달아 가톨릭에서는 성체거양이라고 한다는 사실을 명시하는 등 용어의 어색함으로 인해 텍스트 자체에 대한 접근을 막는 일은 최대한 없기를 바라는 마음에서 번역작업을 진행했다.

또한, 저자는 영국 성공회의 역사도 많이 다루었는데, 역자의 배경(장로교)상 로마 가톨릭이나 영국 성공회 등의 종파에서 사용하는 전문 용어의 이해를 위해서는 아래의 인터넷 사이트들에서 많은 도움을 받았다.

- 가톨릭 길라잡이

http://maria.catholic.or.kr/dictionary/

- 성공회 신학 – 전례포럼

http://liturgy.skhcafe.org/

• An Episcopal Dictionary of the Church
https://www.episcopalchurch.org/library/glossary/

  이 책은 처음부터 전문 학자들을 위한 책이 아니므로, 학계에서 사용되는 전문 단어들을 그대로 사용하지 않았다 하더라도 큰 문제는 없으리라 본다. 또한, 그러한 단어들은 대부분 역주를 통하여 학계에서 혹은 가톨릭이나 대한성공회에서 사용되는 한국어를 병기했다.

  아무쪼록 가능한 쉽고 평이하게 번역한 노력을 통해 많은 신학생들과 성도들이 예배에 대한 큰 그림을 그리는 데에 작은 도움을 얻기를 바란다.

  열악한 기독교 출판 현실 속에서도 예배와 관련된 양질의 서적들을 출판하는데 열심인 기독교문서선교회(CLC)에게 늘 감사하며, 편집과 교정에 수고하신 모든 분들께 고개 숙여 인사드린다.

서론

처음 출판되었을 때 이 책은 그리스도인들이 역사 속에서 하나님을 찬양하는 방식의 중대한 변화를 보여 줬다. 수십 년이 지난 오늘날, 이 책은 대부분의 그리스도인이 일요일마다 교회에서 만나는 경험에 대한 합리적 설명을 해 준다.

이 책이 가톨릭, 개신교, 자유교회 등 다양한 배경을 가진 신학교의 교제로 사용됐다는 것은 나를 기쁘게 해 줄 뿐 아니라 예배가 서로의 다름을 넘어 우리를 하나로 만들어 준다는 사실도 증거해 줬다.

제2차 바티칸공의회(Vatican II) 이후 로마 가톨릭과 대부분 주류 개신교 교단의 일요일 예배는 지난 4백 년 동안보다 지난 40년간 더 많은 변화를 겪었다. 몇몇 전문가들만이 예전의 혁신을 바라는 게 아니다. 이제 그것은 일반 회중들의 삶에서 중요한 요소다.

첫 번째 판에서 나는 자신들에게 익숙한 예배에 가해진 혁신 때문에 실망한 목회자들과 평신도들에게 위로를 전했다. 예전이 가지는 힘의 일부는 예측 가능성, 동일성, 통일성, 비슷한 언어와 동작에서부터 나온다.

한때는 미사(Mass)를 변화의 바다 한가운데에서도 불변의 울타리라 여겼던 많은 로마 가톨릭교회는 이제 교회가 닻은 올렸지만, 소망 없이 표류 중이라는 사실을 체감하고 있다. 억제되고 진지한 전통적 "성만찬 예배"에 더 익숙했던 연합 감리교도들도 더욱 기쁨이 넘치는 주님의 만찬을 직면하면, 존 웨슬리처럼 "나는 오래된 와인이 좋아"라고 외치게 될 것이다.

오랫동안 희생의 의미를 배제한 성찬을 먹고 자랐던 보수적인 루터파들은 국제루터교위원회(Inter-Lutheran Commission)에서 새로운 예배에 참여했을 때, "부정한 돼지처럼 행동하며 난동을 피워대고 소설에서만 기쁨을 찾고 참신함이 사라지는 즉시 그것을 역겨워하는 사람들"[1]이라며 일부 예전 혁명에 대해 루터가 비난했었다는 사실을 기억했다.

오늘날 많은 교단이 예배 방식에 대해 "전통"과 "현대" 사이에서 전쟁을 겪고 있다. 어떤 이들은 기타와 파이프오르간이 균형을 이루는 "통합예배"(blended worship)를 시도한다.

---

[1] Martin Luther, "An Order of Mass and Communion for the Church at Wittenburg," from *Luther's Works*, vol. 53, ed. Ulrich S. Leupold, trans. Paul Z. Strodach (Philadelphia: Fortress Press, 1964), 19.

다른 이들은 "이머징교회"에서 성례전 예배의 기쁨을 회복하기 위해 촛불을 켠다. 예전 개혁에 대한 수문을 개방하게 되면 홍수를 경험하게 될 것이다.

어디서부터 이런 혁신적 예배와 실험적 예전이 왔는가?

출처는 다양하고 원인은 복잡하다. 범교회주의, 다원주의, 인종 문제에 대한 인식 등 현대교회의 필요와 현실을 예배에 반영하고자 하는 욕구와 대부분 개신교 예배에서 나타나는 신학적·성경적 천박함에 대한 불만 등이 그것이다. 가장 급진적인 예배 혁신의 재료들은 예배의 **과거**에서 발견한 내용이다. 이 시대의 독특한 '비역사적' 환경에서는 가장 오래된 진리가 놀랄 만큼 현대적인 감각을 갖기도 한다.

우리가 나갈 길을 찾기 위해서는 과거로 여행할 필요가 있다. 현대의 예전적 실험들을 통해 우리는 이 사실을 발견했다. 과거로의 여행이 의미 있는 예전으로 가는 길을 제시해 줄 것이다.

칼 바르트(Karl Barth, 1886-1968)는 교회 예배에 있어 가장 심각한 문제는 예배를 현대적으로 바꾸어야 한다는 사실이 아니라 예배의 개혁이라고 했다. 개혁이란 시대의 흐름을 따르지 않고 시대의 유행이 참과 거짓을 판단하지 못하게 함을 의미한다. 새 노래로 주님을 찬양하는 일을 어제보다 더 잘해 나감을 의미한다.

시간상의 기원이 아닌 공동체의 본질적 기원으로 돌아가는 일에 싫증을 내지 않음을 의미한다.[2]

또는 비오 12세(Pius XII, 1939-1958)가 예배에 대해 그가 보낸 회칙(encyclical[3])에서 말했듯이, "거룩한 예전의 우물로 마음과 정신을 돌이키는 것"[4]을 의미한다. 이것이 바로 이 책의 목적이다. 우리가 어디에 있었는지를 봄으로써 우리가 나아가야 할 방향을 보다 잘 보게 되는 것이다.

예배에 대한 숙고는 많은 개신교회에 비교적 새로운 일이다. 신학교에서 예전에 관한 공부를 등한시했기에 지역교회에는 될대로 되라는 식의 예배가 있었다. 이 책은 교역자들과 신학교 및 평신도들을 예전의 역사로 초대하는 초청장이다. 나는 연합감리교 배경을 가지고 있고, 연합감리교는 로마 가톨릭과 개신교 모두에 뿌리를 두고 있기 때문에 이 책이 두 전통 모두에게 공정하기를 바란다. 이 책의 제목에 서양교회가 역사적으로 주일 오전 예배에 시행해 왔던 말씀과 세례와 성찬이라는 최고의 가치를 담아냈다.

---

[2] Karl Barth, *Church Dogmatics*, vol. 4, part 1 (New York: Charles Scribner's Sons, 1956), 705.
[3] 전 세계 로마 가톨릭교회에 보내는 교황의 공식 문서. 주로 교리와 규율 문제 등을 다룬다 -역주.
[4] Pius XII, encyclical *Mediator Dei*, November 20, 1947.

내가 예배를 인도했던 교회들, 이 책의 대부분을 차지한 내 '예배학 개론' 수업을 듣고 반응해 준 듀크대학교 학생들과 삽화를 그려 준 브루스 세이어(Bruce Sayre) 목사에게 감사를 드린다.

이 책을 통해 생명의 말씀, 세례, 성찬이라는 풍성한 유산이 독자에게 살아 움직이기를 바란다. 우리 예전의 역사는 하나님께서 어떻게 우리와 함께 계셨고 앞으로도 그렇게 하실지에 대한 이야기다. 전통적으로 사제들에 의해 선포되는 생명의 말씀은 사람들을 성찬으로 초대하여 과거와 현재에 이르는 예배의 본질을 말해 준다.

"하나님의 백성들을 위한 하나님의 선물!"

이 선물에 대한 우리의 반응은 바로 "아멘!"이다.

2014년 오순절에
노스캐롤라이나 더럼에 위치한 듀크대학교에서

제1장

유대교 유산: 성막, 성전, 회당, 식탁

The Jewish Heritage:

Tabernacle, Temple, Synagogue, Dinner Table

Fresco "Consecration of the Tabernacle," Synagogue at Dura-Europas, A.D. 245

그리스도인 이전에 유대인이 있었다. 예수님은 유대인이셨다. 그분이 선포하신 믿음은 2,000년간의 유목 생활, 애굽에서의 포로 생활, 왕정 시대, 바벨론 유수, 로마의 지배하에서 일궈낸 산물이었다. 물론, 초기 그리스도인들에 의해 그 내적 의미는 변형되었지만, 많은 부분 기독교 예배는 이미 존재하고 있었던 유대교 예식 위에 지어졌다.

1. 성막

언약궤와 여호와의 보좌를 두기 위해 모세가 광야에 세운 움직이는 성소인 성막은 "회막"이라고도 불린다. 성막의 탄생은 원시 유목 생활을 그 기원으로 가지고 있다. 후기 제사장적 작가들이 과거에 대한 어렴풋한 기억을 가지고 이상적으로 그리긴 했어도 성막에 대한 묘사들(출 25장-31장, 35장-40장)을 통해 초기 유대교 예배의 성격을 알 수 있다.

여호와께서 이스라엘 가운데 '장막을 치신다.'

> 내가 거기서 이스라엘 자손을 만나리니 내 영광으로 말미암아 회막이 거룩하게 될지라 내가 그 회막과 제단을 거룩하게 하며 아론과 그의 아들들도 거룩하게 하여 내게 제사장 직분을 행하게 하며 내가 이스라엘 자손 중에 거하여 그들의 하나님이 되리니 그들은 내가 그들의 하나님 여호와로서 그들 중에 거하려고 (출 29:43-46).

출애굽기에서 여호와는 진설병상, 향단, 금촛대, 휘장 뒤 지성소 안에 십계명 판을 담은 언약궤 같은 예전 가구들을 둘러싸기 위해 모세에게 염소털로 된 성막을 칠 것을 지시하셨다. 성막 주위는 번제단과 그 용도를 정확히 알 수 없는 놋으로 만든 거대한 물두멍이 있는 뜰이 둘러싸고 있었다.

고대 이스라엘에서 예배는 "가까이 나아옴"을 의미했다. 성막 내부의 건축적 배열은 거룩함에 접근하는 단계를 반영하고 있다. 지성소 중앙 언약궤 위에는 여호와의 '시은좌'(the mercy seat)가 있었다. 휘장의 바깥은 조금 덜 거룩한 곳으로 제사를 드리는 뜰이 있고, 다음으로는 제사장들의 장막이 그리고 그다음으로는 백성들의 장막이 있었다. 또한, 거룩함의 다양한 단계는 어떤 금속을 사용하느냐에 따라서도 달라졌는데, 언약궤는 순금으로, 바깥뜰의 물두멍은 놋으로 만들어졌다.

뜰은 모든 사람이 접근 가능했고, 성막 안의 성소는 제사장만이 그리고 지성소는 오직 대제사장만이 1년에 한 번 들어갈 수 있었다. 거룩함으로부터의 원근과 그곳으로의 접근성에 대한 공간적 표현은 이스라엘 예배의 전형이었다.

2. 성전

유대인들의 나라가 세워짐에 따라 여호와를 만나는 장소로써 성막의 기능은 보다 영구적이 됐다. 거룩함은 규정되거나 제한될 수 없지만, 인간은 본성상 어떤 공간, 즉 신과의 만남을 위한 구체적인 장소가 필요하다.

예루살렘에 지어진 성전은 최초의 성막보다 더 정교한 것이었다. 세 개의 성전이 예루살렘에 잇따라 세워졌다. 웅장했으나 결국 왕국을 파산시켰던 솔로몬 성전(B.C. 957년경), 투박한 모조품이었던 스룹바벨 성전(B.C. 515년경) 그리고 예수님이 보셨던 헤롯 성전(A.D. 70년 파괴)다.

성전 예배는 어떤 특징을 가지고 있었을까?

이사야는 대략 B.C. 742년 어간에 있었던 성전 예배에 대한 충격적인 경험을 묘사하고 있다.

웃시야 왕이 죽던 해에 내가 본즉 주께서 높이 들린 보좌에 앉으셨는데 그의 옷자락은 성전에 가득하였고 스랍들이 모시고 섰는데 각기 여섯 날개가 있어 그 둘로는 자기의 얼굴을 가리었고 그 둘로는 자기의 발을 가리었고 그 둘로는 날며 서로 불러 이르되 거룩하다 거룩하다 거룩하다 만군의 여호와여 그의 영광이 온 땅에 충만하도다 하더라 이같이 화답하는 자의 소리로 말미암아 문지방의 터가 요동하며 성전에 연기가 충만한지라 그때에 내가 말하되 화로다 나여 망하게 되었도다 나는 입술이 부정한 사람이요 나는 입술이 부정한 백성 중에 거주하면서 만군의 여호와이신 왕을 뵈었음이로다 하였더라 그때에 그 스랍 중의 하나가 부젓가락으로 제단에서 집은 바 핀 숯을 손에 가지고 내게로 날아와서 그것을 내 입술에 대며 이르되 보라 이것이 네 입에 닿았으니 네 악이 제하여졌고 네 죄가 사하여졌느니라 하더라 내가 또 주의 목소리를 들으니 주께서 이르시되 내가 누구를 보내며 누가 우리를 위하여 갈꼬 하시니 그때에 내가 이르되 내가 여기 있나이다 나를 보내소서 하였더니(사 6:1-8).

실제 예배 경험을 묘사하지는 않는다 하더라도 이 구절은 성전에서 예배자의 경험이 어떤 것이었을지에 대한 느낌을 전해 준다. 한때는 '이사야 모티브'를 기독교 예배의 다양한 순서들로 적용하는 것이 유행이었다.

① **경배**: "거룩하다 거룩하다 거룩하다."
② **참회의 고백**: "화로다 나여."
③ **사죄의 선언**: "네 악이 제하여졌고 네 죄가 사하여졌느니라."
④ **설교**: "내가 또 주의 목소리를 들으니" 그리고
⑤ **헌신**: "내가 여기 있나이다 나를 보내소서."

이 본문이 과연 기독교 예배의 완전한 형태를 보여 주느냐 하는 점에 대해서는 여전히 의구심이 들지만, 이사야의 성전 경험은 초월성과 윤리 의식이라는 유대 신앙의 일부를 보여 주고 있다.

성전 예배에 대한 최고의 현대적 묘사 중 하나는 (흔히 시락의 집회서라고 불리는) 외경 시락의 아들 예수의 지혜서다. 대제사장 시몬 2세가 집례하는 예배(B.C. 220-195)에 대해 이렇게 묘사한다.

시몬이 찬란한 제복을 입고
휘황찬란한 패물로 단장하고

거룩한 제단으로 올라가서
성소 안을 영광으로 충만하게 했을 때
그 얼마나 장관이었던가!
그가 제단 곁에 서서
사제들로부터 제물의 몫을 받을 때
그의 형제들은 화환 모양으로 그를 둘러쌌다.
그는 종려나무에 둘러싸인
레바논의 싱싱한 삼나무처럼
아론의 모든 자손이 찬란한 옷차림을 하고,
주님께 바칠 제물을 손에 든
이스라엘의 온 회중 앞에 섰을 때
시몬은 전능하시고 지극히 높으신 분께
정중하게 제물을 바치면서 제사를 지냈다.
그가 손을 내밀어 거룩한 잔을 들고
포도즙을 약간 부어, 제단 밑에 쏟을 때
만물의 왕이시며
지극히 높으신 분께 오르는 향기가 그윽하였다.
그때 아론의 자손들은 환성을 지르고
잘 두들겨 만든 쇠나팔을 불며
그 소리를 우렁차게 울려서,
지극히 높으신 분 앞에 기념으로 삼았다.
그러자 사람들은 일제히 모두 땅에 엎드려

전능하시고 지극히 높으신 하느님이신

그들의 주님을 경배하였다.

악사들은 찬미가를 불렀는데

그 모든 노래는 아름다운 가락을 이루었다.

사람들은 지극히 높으신 주님께 탄원하고

자비로우신 분께 기도를 올렸다.

이렇게 해서 주님께 바치는 예배가 끝나고

예식을 모두 마쳤다.

그 후에 시몬은 제단에서 내려와 팔을 들어

그곳에 모인 이스라엘 자손들에게

큰소리로 주님의 축복을 빌어주었다.

이렇듯이 그는 주님의 이름을 부르는 영광을 누렸다.

그래서 사람들은 다시 엎드려

지극히 높으신 분의 축복을 받았다.

(집회서 50:11-21, 공동번역)

높은 제사장이 예루살렘 성전에서 제사(*zebach*)를 인도했다. 다양한 제사가 있었지만 구약성경의 묘사로부터 볼 수 있는 정해진 패턴이 있다.

먼저, 예배자가 예식을 위해 자신을 정결케 하는 준비 예식이 있고 난 뒤, 온전한 짐승이 도살되기 위해 준비됐다. 짐승은 예배자가 여호와께 드리는 선물인데, 무언가를 '포기'한다는 의미,

즉 (현대적 개념의 '희생'[sacrifice]이 의미하듯) 엄청난 보상을 얻기 위해 무언가를 포기한다는 의미가 아니다. 유대적 의미에서는 모든 선물의 공급자 되시는 하나님께 기꺼이 드리는 선물이다.

그러고 나서 짐승이 도살되는데, 어떤 부위는 제단 위에서 태워진다. 짐승의 죽음은 제사의 예비 단계로서 필수이지만, 죽임 자체가 제사의 핵심 행위는 아니며, 희생물의 죽음이 어떤 특별한 중요성으로 가득 차게 되는 것도 아니다. 짐승의 죽음은 제사가 아니다. 단지 제사라는 **선물의** 일부로써 필요할 뿐이다.

그 후, 제사장과 백성들이 짐승의 몸을 나누는 기쁨의 축제가 열린다. **이것**이 핵심 행위로서, **사람과 하나님이 나누는 축제**다.

이러한 희생 제사의 행위 중 어떤 것도 기독교와 현대 유대교에 전해지진 않았지만, 제사 예식에 내포된 의미는 유대-기독 종교의 중심에 남아있다. 하나님에 대한 헌신과 의지에 대한 표현과 하나님의 사랑과 은혜에 대한 감사의 표현으로서 매일의 삶을 기쁘게 드림이 그것이다.

3. 회당

고대 유대인들은 시각 예술을 그리 중요하게 여기지 않았다. 하지만 말씀의 예술에서는 그렇지 않았다. 교육을 즐거워하고 시와 역사와 법과 이야기 및 설교를 사랑했다. 그들은 "그 책의 사람들"(People of the Book)이었다. 율법으로서의 토라는 하나님과 하나님의 선민 사이 매일 매일의 관계를 상세하게 다루었다.

그 책의 사람들은 회당으로 알려진 기구를 중심으로 모였다. 구약성경에는 회당에 대한 언급이 나오지 않고, 그 기원도 불분명하다. 가장 흔하게는 B.C. 587년 성전 파괴 이후 포로기에 회당 모임이 시작됐다고 본다. 성전 파괴와 유대인들의 분산과 함께 새로운 형태의 예배와 공동체 생활이 필요하게 됐다. 회당은 시대 상황을 반영한 결과였다.

최소 10명의 유대인이 모이면 생겼던 회당을 통해 서기관들과 바리새인들은 안식일 규례들과 제의적 요건들을 생산해 내며 사람들에게 엄청난 영향력을 행사하게 됐다. 복잡한 규례들과 엄격한 율법 고수를 강조하는 바리새주의는 예수님 당시의 성전-회당 종교 문화의 표현이었다.

비록, 바리새인들이 기독교인들에게 '악평'을 받아온 것은 분명한 사실이지만, 그들은 세밀하게 공들인 예식을 '규정화했다.' 그러한 규정들은 그분의 백성을 떠나지 않으시고, 매일매일 인도하시며, 의를 향해 정해진 길을 주시는 은혜로우신 하나님의 선물이 바로 율법이라는 유대인들의 핵심 신앙을 대변해 줬다.

율법은 일상의 삶 모든 요소에 스며들어 있으며 '성'과 '속' 간의 구분을 거부했다. 회당 예배는 이처럼 유대교의 위대함인 매일의 생활 속에서 현세적 경건을 강화했다.

회당은 유대인 공동체의 삶의 목적에 대해 많은 기여를 했다.

무엇보다 그 곳은 학교였다. 안식일 및 다른 성일에는 예배 공간이었다. 회당에서 많은 유대인은 제사가 아닌 성경 공부와 기도를 예배의 중심으로 보기 시작했다. 예배와 교육이라는 두 개의 거대한 유대인의 이상이 회당에서 만났다.

A.D. 70년 마지막 성전의 파괴와 함께 회당은 유대교의 주된 종교 기관이 됐다. "회당"(synagogue)이라는 말은 '모임 장소, 회집, 회중, 모임'을 의미하는 헬라어 시나고게(synagoge)에서부터 왔는데, 이는 "회중"을 뜻하는 히브리어 에다(edah)의 번역어다.

회당 집회는 주로 일반 성도로 이루어진 몇몇의 사람들이 인도했다. 누가복음에 기록된 예수님의 첫 번째 설교에서 1세기 회당 예배의 모습과 랍비로서의 예수님의 모습을 엿볼 수 있다(눅 4:16-27). 쉐마가 낭독됐다.

> 이스라엘아 들으라 우리 하나님 여호와는 오직 유일한 여호와이시니 너는 마음을 다하고 뜻을 다하고 힘을 다하여 네 하나님 여호와를 사랑하라(신 6:4-9; 11:13-21).

쉐마 후에는 축복이 이어진다. "여호와를 송축하라 …." 그리고 토라에 대한 교습이 차례로 이어진다. 연속 읽기(lectin continua)를 통해 전체 토라를 삼 년에 한 번, 혹은 일 년 주기로 읽는다.

토라와 '하프토라'(*haftorah*)[1] 혹은 선지서를 읽은 후 그 본문들에 대한 해설과 설교가 교습에 더해진다. 방문 랍비는 누구라도 이 교습의 해석에 초대될 수 있었는데(행 13:5를 보라), 누가복음은 예수님이 자신의 고향 회당에 방문했을 당시의 성경 해석으로 인한 소란을 기록하고 있다.

회당 예배에서 성전 시편이 사용되었는가는 논의가 필요한 문제다. 어떤 학자들은 일련의 시편들이 초창기 회당에서 불렸다고 믿는데, 다른 이들은 시편 사용은 후대에 기독교인들이 예배에 사용하면서부터 일어난 일로 본다. 여하튼 회당 예배의 형식과 내용이 보편적으로 초대교회의 예배 생활에 큰 영향을 미쳤다는 사실에는 의심의 여지가 없다.

복음서들은 예수님이 회당만큼이나 헤롯 성전에도 자주 가셨음을 기록한다. 누가는 예수님이 유아 때 성전에서 봉헌되었고, 소년기에는 성전에서 유월절을 보내셨음을 보여 준다(눅 2:22-52). 예수님은 초막절과(요 7:2) 하누카 혹은 수전절(요 10:22)에 성전에 계셨다.

예수님이 환전상들을 내쫓으신 일(마 21:12)이나 성전 제사를 비판하신 일(마 9:13)은 성전 예배 자체에 대한 정죄가 아니라 그분 전에 있었던 구약의 호세아 선지자처럼 왜곡된 예식에 대해 비판

---

[1] 선지서에서 뽑아낸 짧은 말씀들로 안식일에 회당에서 읽었다. 하프타라(*haftarah*) 라고도 한다 -역주.

하신 것이었다. 아마도 아버지의 집에 대한 깊은 경외심이 매매와 성전에 대한 배타적 남용을 비난하도록 이끌었을 것이다.

사도행전은 성전에 베드로, 바울, 요한이 있었고 성전과 회당에 초대 그리스도인들이 있었음을 보여 준다. 예수님이 제의 제도를 공격하셨다는 기록은 A.D. 70년 성전 파괴와 기독교가 발전하면서 회당으로부터 축출당해야 하는 사실을 받아들여야만 했던 유대 그리스도인들의 작품이었다.

> … 이 산에서도 말고 예루살렘에서도 말고 너희가 아버지께 예배할 때가 이르리라 … 아버지께 참되게 예배하는 자들은 영과 진리로 예배할 때가 오나니 곧 이때라(요 4:21-23a).

바울은 그의 후기 사역에서만(갈 4:10 이후; 골 2:16) 그리스도인의 자유에 대한 요약으로써 안식일에 저항한다. 점차로 그리스도인들이 성전과 회당 예배를 버렸음에도 회당의 순서들은 기독교 예배에 지속해서 영향을 미쳤다. 1세기 말까지 그리스도인들은 회당 예배에서 직접 도출된 예전을 행해야 했다.

헬라어로 이것을 '집회'라는 의미가 있는 '시낙시스'(*synaxi*)라고 불렀는데, 이는 '회당'과 같은 어원을 가진다. 말씀의 예배인 시낙시스는 회당 예배와 분명한 유사성을 가지는 다음의 순서들로 구성된다.

● 시낙시스(A.D. 150-200)

① 사회자의 인사
② 봉독과 시편
③ 설교
④ 비세례자 해산
⑤ 기도
⑥ 평화의 인사
⑦ 성만찬이 행해지는 않는 주중에는 해산

4. 식탁

마침내 유대 종교는 예배의 네 번째 장소를 만나는데, 바로 식탁이다. 유대인들에게 모든 식사는 종교적으로 상당히 중요하다. 시편 23편 말씀처럼 "내 원수의 목전에서 내게 상을 차려" 주심은 유대인들에게 깊은 우정의 행위로 여겨졌다. 당신을 식사에 초대하는 사람은 어떠한 대가를 치르더라도 당신을 지켜 줄 사람이다.

예수님이 죄인과 세리들과 함께 식탁에 앉으셨다는 것은 당시 사람들이 기대했던 메시아의 대연회(사 55장)와는 아주 다른, 소외된 자들과 깜짝 놀랄만한 연대를 이루는 공적 선언이었다.

유월절 식사(*pesach*)는 유대인의 종교 식사 중 가장 중요한 시간이었다. 유월절 기간에 예수님이 십자가에 달리셨기 때문에 이는 그리스도인들에게도 중요하다. 공관복음서들은 최후의 만찬을 유월절과 일치시키며(마 26:17; 막 14:12; 눅 22:7, 15), 바울은 심지어 그리스도를 "우리의 유월절"이라고 부른다(고전 5:7-8).

유월절 축제는 최소 2,500년의 역사를 지닌다. 히브리 월력의 첫 번째 보름에 여호와께 어린 양을 드림으로 축제가 열린다. 유월절의 시작은 농경 축제였지만, 곧 출애굽과 연결된다. (유월절 축제에 사용되었던 예배 순서인) 세이더(*seder*)에서는 이렇게 선언하고 있다.

> 우리는 애굽에서 바로의 종이었으나 우리 주 하나님이 강한 손과 펴신 팔로 우리를 인도해 내셨다. 만약 찬양받기에 합당하신 거룩하신 그분이 우리 조상들을 애굽에서 인도하지 않으셨더라면 우리와 우리의 자녀들과 우리의 자녀의 자녀들은 여전히 애굽에서 바로의 종으로 살고 있을 것이다.[2]

유월절 예식에서 하나님의 구원의 강한 역사는 기억되고 축하 되는데, 단지 역사적인 기념일 뿐 아니라 참여자 자신이 식사

---

[2] Nahum N. Glatzer, ed., *The Passover Haggadah* (New York: Schocken Books, Inc., 1969), 23. Reprinted by permission of Schocken Books, Inc. from *The Passover Haggadah*, edited by Nahum N. Glatzer. Copyright © 1953, 1969, 1979 by Schocken Books, Inc.

를 통해 이 구원의 일부가 된다. 먹고 기억하며 그들 자신이 구원된다.

> 모든 세대 각 사람은 자신이 마치 자신이 애굽에서 나왔다고 생각하라.
> "너는 그 날에 네 아들에게 보여 이르기를 이 예식은 내가 애굽에서 나올 때 여호와께서 나를 위해 행하신 일로 말미암음이라"고 하였다.
> 찬양받기에 합당하신 거룩하신 그분은 단지 우리 조상들만 구원하신 게 아니다. 우리 또한 조상들과 함께 구원받았다. …
> 그분은 우리를 노예에서 자유인으로, 슬픔에서 기쁨으로, 애통에서 축제로, 어둠에서 광명으로, 묶임에서 구원으로 인도하셨다.[3]

유월절 식사의 중심 행위는 구운 양을 바치고 먹는 일이다. 양은 마치 달아나는 유랑자가 그러하듯 급하게 먹어야 한다. 살은 남김없이 먹어야 하는데, 이는 후에 여호와에 대한 완전한 신뢰와 전적 의지에 대한 상징으로 해석됐다.

제물을 먹고 있는 그 집을 정결하게 하려고 집 문에 양의 피를 발라 표시했다(출 12:23). 유대인들의 다른 제사와 마찬가지로 양

---

[3] 같은 책. 49, 51.

의 죽음 자체는 특별한 중요성이 있지 않다. 초점은 하나님의 백성을 먹이시고 구원하신 것과 출애굽에서 분명히 드러난 그리스도인들이 훗날 그리스도 안에서 보게 될 하나님의 은혜에 있다.

그리스도 당시에는 새 곡식과 새해를 축하하는 고대 농경 축제에서부터 기원한 또 다른 축제인 무교절이 유월절과 연관됐다. 8일간 계속되는 이 축제는 출애굽기 12:39의 유월절 식사에 연결되며 구원과 갱신으로 이어진다. 누룩을 넣지 않은 빵 즉 무교병은 유월절 참여자들이 시간이 없어 빵이 채 부풀어 오르기 전에 광야에서 먹어야만 했던 빵을 상기시킨다.

유대 종교 식사의 중심은 유월절 식사였는데, 사실 매 안식일과 모든 축제는 종교적 식사의 자리였다. 성경의 기록이 다르므로[4] 예수께서 제자들과 최후의 만찬에서 드신 것이 유월절 식사였는지 일반적인 종교 식사였는지는 확실하지 않다.

하지만 분명한 것은 주님이 유월절 축제 기간에 돌아가셨으며, 유월절 축제에서의 구원의 의미는 그리스도의 죽음과 부활을 통한 구원으로 이어졌다는 사실이다. 성경을 보면 예수님은 최후의 만찬 자리에서 위에서 서술한 특별한 유월절 의식을 행하지는 않으셨다. 그분이 빵과 잔에 축복하신 것은 안식일 식사와 같은 여타의 식사 때도 늘 하셨던 일이었다.

---

[4] 공관복음에서는 최후의 만찬이 유월절 당일에 일어난 일로 묘사하지만, 요한복음은 유월절 전날 일어난 일로 말한다 -역주.

안식일 식사 시, 안식일 초가 켜지고, 모두가 자리에 앉으면, 포도주를 따른 뒤 복을 의미하는 '키두쉬'(*kiddush*)가 낭독된다.

주 우리 하나님이 복 되시도다. 우주의 왕께서 포도나무의 열매를 창조하셨도다.

이것이 예수께서 "잔을 받으사 감사 기도"(눅 22:17-18)하셨을 때 누가가 생각했던 그 축복이었다. 잔에 대한 축복 뒤에 빵에 대한 축복이 이어진다.

주 우리 하나님이 복 되시도다. 우주의 왕께서 땅에서부터 빵을 내셨도다.

안식일 식사 때는 아버지가 빵을 손에 든 채 축복의 말을 한다. 그리고 빵을 쪼개어 나누어 주면서 그 자신도 먹는다. 아마도 이 시점이 예수께서 "이것이 나의 몸이다"라고 말했던 때였을 것이다.

빵과 잔에 대한 축복은 식사의 공식적인 시작을 알린다. 식사하는 동안은 그 자체로 모든 식사의 '거룩함'의 일부인 대화와 교제를 한다. 예수님 당시에는 (특별한 랍비들끼리 작은 종교 모임인) '차부라'를 통해 식사와 함께 종교적 논의를 하기 위해 만나곤 했었다. 어떤 이들은 랍비로서 예수님과 제자들도 차부라의 일원이었을 수 있다고 한다. 어찌 되었건 이것이 모든 유대 절기의 분위기를 조성하고 그리스도인들이 부활하신 그리스도에 대한 그들의 아주 특별한 경험으로 보았던 가족 같은 친구 모임이었다.

식사의 마침은 마지막 잔, 즉 바울이 말했던(고전 10:16) "축복의 잔"을 위한 기도였다. 이 시간은 대화를 통해 시작되어 축복과 감사 및 간구로 이어진다. 아마도 누가복음 22:20과 고린도전서 11:25에서 말하는 "식후의 잔"이었을 것이다.

기도하는 동안 아버지는 잔을 두 손으로 높이 든다. 기도 후에 잔에 있던 포도주를 다 마신다. "축복의 잔"과 이어지는 기도를 통해 그리스도인들의 성만찬 기도, 혹은 감사 기도의 원천을 알 수 있다.

초기 그리스도인들은 그들의 유대인 조상들과 결별했고, 기독교 예배는 예전(liturgy)의 목적과 신학을 과감하게 재해석했다. 하지만 그리스도인들은 물려받은 예배 형태를 통해 그들의 새로운 예배 요소들을 적용했다.

기독교의 '시낙시스'(말씀 예배)에 나타나는 성경 봉독 및 강설과 "하나님의 전능하신 일"에 대한 역사적 낭송은 회당에서부터 왔다. 오순절이나 부활절 같은 예전과 관련된 교회력은 유대 달력에서부터 왔다.

물, 기름, 빵과 포도주의 사용 역시, 분명히 유대교 예식에서 선행됐다. 성찬, 혹은 주님의 만찬과 성만찬 기도의 형태와 핵심은 유대인들의 식탁 교제에서부터 적용됐다. 시편은 최초의 찬송가였다.

성막, 성전, 회당, 식탁은 모두 제사적이며 윤리적인, 제도적이며 예언적인, 초월적이며 내재적인, 공적이며 가족적인, 역사적이며 종말적인 유대인 예배의 균형적인 국면들을 표현해 준다. 만약 우리가 예배하는 하나님이 진정 아브라함과 이삭과 야곱, 예수님의 하나님이시라면 성경과 유산, 이러한 균형적 요소들과 유대의 과거로부터의 풍성한 빛 안에서 그리스도인으로서 예배한다는 사실이 오늘 우리의 예배에서도 반드시 표현되어야 한다.

제2장

빵과 포도주와 물: 주님의 만찬과 세례

Bread, Wine, Water:
The Lord's Supper and Baptism in New Testament Times

Tomb fresco "Celestial Banquet," Cemetery of Cyriaca, 3rd century

매우 의미 있는 공동 식사를 하기 위해 일요일에 모인 **에클레시아**, 즉 교회가 새 시대의 여명에 탄생한다. 잠시 동안 유대인, 그리스도인들은 회당과 성전에서 예배를 이어갔다. 하지만 1세기 말에 이르러 기독교는 전혀 다른 예배의 모습을 대변한다는 사실이 분명해졌고 이제 유대교와의 최종적인 결별은 불가피해졌다.

그리스도인들은 유대인의 안식일을 유지하는 대신 창조의 날이자 빛이고, 교회의 탄생한 날인 오순절이며, 그리스도의 부활의 날인 그 주의 첫 번째 날에 예배했다. 초기 그리스도인들은 "주일"(the Lord's Day)이 새로운 종말론적 삶과 시간의 순서와 함께 찾아온 새 시대를 대표한다고 믿었다.

"마리아의 찬가"(*Magnificat*, 눅 1:46-55), "축복송"(*Benedictus*, 눅 1:68-79), "시므온의 노래"(*Nunc Dimittis*, 눅 2:29-32), "그리스도의 비하"(*Kenosis*, 빌 2:6-11) 찬송 등 신약성경을 통해 갑자기 나타난 수많은 예전의 조각들은 신약성경이 다채로운 구전 전통들을 일요일 예배라는 배경에서 사용한 최초의 모음집이었다는 사실을 상기시킨다. 요한복음 6:35-50은 주님의 만찬 설교를 위해 많이 사용되었을 것이다.

"주의 날"(계 1:10)의 비전인 계시록은 기도들과 찬송들 및 1세기 일요일 예배의 일부였을 순서들을 포함한다.

1. 빵과 포도주

신약성경에는 초대 기독교 예배에 대한 하나의 모습이 나타나지 않는다. 초대교회의 예전은 통일성보다는 다양성을 그 특징으로 가진다. 성령님의 자유로운 활동은 설교, 예언, 방언, 세례, 중보 기도 등 다양한 방식으로 교회 안에서 나타났다. 그럼에도 신약성경의 증거를 기반 삼아 볼 때, 이러한 다양한 예배 활동들의 최우선되는 배경이 주님의 만찬을 위한 일요일 저녁 모임이었다는 추측은 합리적으로 보인다.

예수님은 제자들과 함께 많은 종교적 중요성이 있는 식사를 나누셨다. 누가-행전 모두에서 예수님의 메시지와 사역의 중요한 요소를 계시하는 일련의 식사 자리들을 기록한다.

레위와 함께 하셨던 식사 자리(눅 5:29-39)에서 예수님은 죄인들과 함께 기쁘고 즐거운 식탁의 교제를 나누셨다는 이유로 비판을 받으셨다. 예수님이 "먹기를 탐하고 포도주를 즐기는 사람이요 세리와 죄인의 친구"(눅 7:34)라는 고소도 누가에 의해 잘 기록되어 있다(눅 7:36-50; 11:37-52; 14:1-24).

이러한 식사 자리 기사들에서 예수님은 많은 바리새인이 쌓았던 "죄인들"과 "의인들" 사이의 장벽 및 율법 자체와도 불화를 이루셨다("왜 당신의 제자들은 부정한 손으로 먹습니까"[막 7:1-8]). 식사 자체로 화해를 상징하였던 돌아온 탕자를 위한 기쁨의 잔치(눅 15:11-24), 굶주리고 고통받는 대중을(풍성하고 다양한 이미지에서) "먹이는" 오병이어 사건(눅 9:10-17)을 떠올려 볼 수도 있겠다.

누가복음 22:14-38에서 누가가 기록하는 유월절 식사는 죄와 회개 및 용서에 대한 예수님의 가장 중요한 가르침의 장이며, 누가복음에서 예수님이 종이자 주님으로 나오시는 유일한 식사이다. 십자가 직전 마지막 식사 역시 제자들이면서 동시에 주님을 배반한 죄인들과 함께하신 식사였다.

다락방에서 제자들과 함께하신 식사가 예수님의 "마지막" 식사는 아니었다. 왜냐하면, 엠마오 식사(눅 24:13-35)가 있기 때문이다. 그 식사를 통해 누가는 산산이 조각난 제자들의 믿음이 부활하신 그리스도께서 "그들과 함께 음식 잡수실 때" 그들의 "눈이 밝아"지는 그의 복음서의 정점으로 인도해 준다. 엠마오의 경험을 통해 제자들은 성경을 이해하고, 깨닫고, 인지하고, 알게 됐다.

누가-행전에서 중요한 마지막 식사는 사도행전 2:42에 나오는 것처럼 오순절의 강렬한 경험과 교회 탄생의 표징이며 증거인 "떡을 떼는" 식사였다. 선지자들은 메시아가 주님의 연회를 시작하실 것을 예언했다. 오순절에 죄인들과 모든 나라가 함께 먹는 비전은 예수님의 이름으로 메시아 시대의 시작을 알리는 증거다.

> 날마다 마음을 같이하여 성전에 모이기를 힘쓰고 집에서 떡을 떼며 기쁨과 순전한 마음으로 음식을 먹고 하나님을 찬미하며 또 온 백성에게 칭송을 받으니 주께서 구원받는 사람을 날마다 더하게 하시니라(행 2:46-47).

초대 그리스도인이 가졌던 거룩한 식사의 정확한 형태는 오랜 논쟁거리였다.

어느 시점부터 초기의 "떡을 뗌"이 2세기 말의 예식으로 규정되었는가?

난해한 질문이다. 왜냐하면, 별반 특별한 차이가 없는 것처럼 보이는 "떡을 뗌" 혹은 비슷한 표현들이 수없이 나오기 때문이다(마 14:19; 15:36; 눅 24:35; 행 2:42; 20:7; 27:35; 고전 10:16; 11:24). 유다서 1:12과 베드로후서 2:13에는 "아가페"(*agape*, 혹은 "애찬"[love feast])라 불리는 식사가 나온다.[1]

하지만 바울이 확실하게 특별한 예전적 식사를 지칭하는 고린도전서에서는 "주의 만찬"(the Lord's Supper)이라는 용어가 사용된다. 이 시기에 다양한 용어들의 사용은 더욱 형식을 갖춘 도식화된 식탁 예식으로 규합되는 2세기 말까지는 거룩한 식사가 발전 과정 중에 있었음을 보여 준다.

1) 7중 행위

많은 학자는 교회가 처음 시작될 때 그리스도인들은 유대인들이 행하던 식탁 축복 후에 완전한 형태의 식사(아가페?)를 정해진 순서의 축복 기도(헬라어로 "감사"를 의미하는 유카리스티아[*eucharistia*])와 함께 가졌으며, 식사 전후로 기도를 했을 것으로 생각한다. 그 순서는 유대교의 거룩한 식사와 일치한다.

---

[1] 개역개정에는 "애찬"(유 1:12)과 "연회"(벧후 2:13)로 번역된다 –역주.

① 빵을 듬
② 하나님께 감사
③ 빵을 쪼갬
④ 빵을 나누어 줌
⑤ 식사 후 포도주잔을 듬
⑥ 하나님께 감사
⑦ 포도주를 나누어 줌

아마도 거룩한 식사의 신비로움이 이교적 풍습과 혼동되어, 혹은 식사에 더 많은 사람이 배석 되다 보니, 혹은 식사에 대한 오용 때문에 식탁 예식은 더욱 도식화되었고 독립적인 예식으로서의 형태를 가지게 됐다. 또한, 완전한 식사, 혹은 아가페도 시작과 마침의 축복 사이 위치하는 원래의 식사 개념과 구별된 독립성을 가지게 됐다. 요컨대, 온전한 식사는 사라지고 오늘날 '성찬'(the Eucharist or Lord's Supper)으로 불리는 시작과 마침의 식탁 예식만 남게 됐다.

고린도전서 11장은 아마도 온전한 식사와 성찬이 여전히 혼합되어 있었던 상황의 묘사였을 것이다.[2] 고린도교회를 분열시킨 교만, 과도한 열정, 이교적 혼합주의로부터 온 오용이 고린도교회 교인들 가운데 일어났다.

---

[2] "식후에 또한 그와 같이 잔을 가지시고 이르시되"(고전 11:25).

고린도교회 교인들은 실제로는 사랑과 윤리 실천의 부재로 인해 "주님의 만찬"을 산산조각 내버려 자신의 식사로 만들어 놓고도 자신들은 주님의 만찬을 먹는다고 생각했다.

이는 그리스도께서 제정하신(고전 11:23-25) 것과 반대되며 주님의 "몸"(고전 11:29)을 파괴하는 일인데, 바울신학에서 "몸"은 곧 "그리스도의 몸"인 교회다(롬 12장을 보라). 그리스도인들의 식탁 교제는 이기적인 방탕함으로 잃어버린 바 됐다.

일부 학자들은 고린도 교인들이 개인적 열정주의에 사로잡혀 그리스도인들의 식사를 그들이 예전에 따르던 이교의 마술적 음식과 혼동했다고 본다. 마술적 보살핌을 기대하며 빵과 포도주를 먹으면 그것들은 맹신적 숭배물이 되어 버린다. 이것이 바울이 말하고자 하는 바 주님의 만찬은 예수님의 이름으로 모인 자들의 교제를 표현하는 기쁨의 공동체적 식사라고 이해하는 기독교의 이해와 불일치하는 부분이다.

"몸을 살피라"는 바울의 명령이 빵과 포도주라는 요소에 관련될 필요는 없다. "몸"은 보통 바울서신에서 교회에 대한 상징이다. "몸을 살핌"은 함께 식탁에 앉은 형제자매를 부활하신 주님의 가시적 임재로 여기라는 의미다.

고린도 교인들은 그리스도께서 자신을 주심의 모형인 식사 자리에서 그들의 이기적 행동으로 인해 "자신의 죄를 먹고 마셨다." 따라서 논쟁이 되는 부분은 예배에 대한 문제이며 동시에 윤리에 대한 문제다. 베드로후서 2:13과 유다서 1:12도 주님의 만찬에 대한 비슷한 오용에 대한 답변이었을 것이다.

주님의 만찬은 엠마오에서의 부활 식사의 연장인가

아니면, 십자가 직전 최후의 만찬 기념인가?

초창기 만찬은 "우리의 유월절이신 그리스도"의 희생을 기억함과 동시에 부활 승리에 대한 기쁨의 감사로 해석됐다고 말하는 것이 우리가 할 수 있는 최선의 대답이 될 것이다.

우리의 유월절 양의 죽음과 삶에 대한 기억, 그리스도 안에서의 교제의 상징, 메시아의 연회를 미리 맛봄, 그리스도인의 삶의 모범인 주님의 만찬은 처음부터 기독교 예배의 다양하고 다면적인 경험이었다.

2) 4중 행위

3세기에 접어들면서 기독교 예배에 엄청난 변화가 일어나는데 7중 행위의 온전한 식사에서 더욱 도식화된 4중 행위로 압축된 것이다.

① 빵과 포도주를 듬
② 빵과 포도주에 대해 하나님께 감사함
③ 빵을 뗌
④ 빵과 포도주를 나누어 줌

주님의 만찬은 온전한 식사와 구분되었고 오늘날 우리에게 더 친근한 이 형태를 얻게 됐다. 일부 그리스도인 공동체에서는 온전한 형태의 식사가 교제와 가난한 자들을 위한 목적으로 잠시 이어졌을 수 있다.

2. 물

세례 요한은 새로운 종말론적 공동체 출범의 상징으로 회개의 세례를 전파하면서 주님의 길을 예비했다. "장차 올 새 시대를 대비하기 위해 깨끗함을 받으라"는 것이 그의 메시지였다.

예수님께서 순종하여 요한에게 세례를 받으신 것은 이 상징적 행위가 믿음의 실천을 위해 반드시 실행되어야 함을 알리는 전주곡의 일부였다.

정화를 목적으로 하는 의식(ritual)으로서의 물의 사용은 거의 모든 종교가 공통되게 가지고 있다. 성전 예배와 관련하여 유대인들은 오랫동안 물을 정화 의식을 위해 사용했다(레 15:5, 8, 13; 출 30:19-20).

또한, 유대인들은 개종을 위한 세례를 베풀었는데, 유대인이 되고자 했던 이방인들은 율법과 유대인의 유전에 대한 교육을 받고, 남자면 할례를 받았으며, 흐르는 물에 잠김으로 세례를 받아 이스라엘 안으로 들어올 수 있었다.

유대인의 개종 세례가 기독교 세례에 어느 정도 영향을 주었는가는 불확실하다. A.D. 200년 정도까지는 이러한 세례에 대한 기록이 없었다. 초대 그리스도인들의 세례를 통한 입교는 아마도 종종 목욕을 통해 자신을 정결케 했던 1세기 유대교 종파들의 세례와 연관이 있었을 수 있지만, 그 관계가 명확했던 적은 없었다.

기독교 예식의 전조로서 이러한 유대 정결 예식보다는 옛 이스라엘의 회원권의 성격에 초점을 맞추는 것이 더 생산적인 일이다. 왜냐하면, 세례는 새 이스라엘의 회원권을 얻는 믿음과 연관되어 있기 때문이다. 그것이 기독교 세례에 대한 유대적 배경이다.

국가로서 이스라엘의 회원권은 출생 자체의 문제가 아니다. 이스라엘은 "아무 백성"도 아니었으나 여호와께서 그들을 선택하셨고 그들과 언약을 맺으셨으며 그들을 "거룩한 백성"으로 만드셨다. 할례가 이 언약으로 들어가는 의식이었다. 유대인으로 태어나는 것이 아니라, 할례라는 공동체적 행위를 통해 유대인으로 만들어졌다.

새 이스라엘(교회) 시대의 세례는 신명기적 바울서신인 골로새서(2:11-12) 전까지는 할례로 묘사되지 않았다. 하지만 의식을 수반한 입교 과정을 통해서만 그 공동체에 들어가 새 언약의 회원이 된다는 생각은 유대의 할례를 떠올리게 한다.

3. 입교

초대교회는 마침내 할례를 행하지 않게 됐다. 너무 민족주의적이고, 온전한 회원에서 여성들을 배제했으며, 옛 언약의 의식적 요구와 너무 흡사하였기 때문이다. 기독교 세례의 형식은 유대교 세례와 의미는 달랐지만, 기독교 공동체에 입교하는 의식이 됐다.

신약성경에 세례에 대한 기록은 많이 없다. 아마도 유대교의 개종 세례처럼 흐르는 물에서 벌거벗은 채 행해졌을 것이다. "유아" 세례였느냐 "성인" 세례였느냐 하는 문제는 성경적 증거를 찾는 문제라기보다는 후기에 발생한 신학적 논쟁이다. 초기 세례는 성인 개종자를 위한 선교적 세례였다고 가정하는 것이 합리적이다.

유대교 개종 세례와 같이 가장이 기독교 신앙을 받아들여 세례를 받을 때 때로는 아이들을 포함한 온 가족이 세례를 받았다 (행 16:15; 18:8; 고전 1:16을 보라). 2세기에 이르러 그리스도인 부모를 가진 유아들의 세례가 허용됐다. 4세기에 접어들 때까지 유아 세례는 공식적인 제재를 받지는 않았다.

신약성경에서 세례 신청자의 나이나 세례의 방법이 논의되지는 않았다. 신약성경의 관심은 세례의 방법이 아니라 그 의미에 있었다. 주님의 만찬이 식사에 내재하는 그 자체로의 자기 증거 영역을 가졌듯이 세례는 창조, 탄생, 삶, 죽음, 씻김이라는 물이 가지는 모든 상징적인 의미를 포함한다. 신약교회에서 세례는 이 모든 것을 의미했다.

사도행전에서 기독교 세례는 '죄 사함을 위해,' '그리스도의 이름으로,' '성령을 받으리라'는 세 가지 함축적인 의미로 표현된다. 사도행전에서는 그 관계가 다소 간소하게 나오지만, 성령세례는 물세례에 있어 없어서는 안 될 부분이었다.

'그리스도로 옷 입음,' '입양,' '중생,' '거룩한 나라,' '사망과 부활'등의 표현들이 신약성경에서 세례를 표현하기 위해 사용됐다. 초기 세례 찬송에 나타난 이러한 부분에 주목해 보라.

> 너희가 전에는 백성이 아니더니 이제는 하나님의 백성이요 전에는 긍휼을 얻지 못하였더니 이제는 긍휼을 얻은 자니라 (벧전 2:10).

바울은 "옛사람에 대하여 죽고 새 사람으로 일어선다는"라는 헬라 기독교에서 말하는 죽음으로서의 세례의 의미를 사용한다. 예수님도 세례를 죽음으로 언급하셨다(막 10:39).

바울은 로마서에서 세례의 윤리적인 적용에 대해 이렇게 말했다.

> 무릇 그리스도 예수와 합하여 세례를 받은 우리는 그의 죽으심과 합하여 세례를 받은 줄을 알지 못하느냐 그러므로 우리가

> 그의 죽으심과 합하여 세례를 받음으로 그와 함께 장사되었나
> 니 이는 아버지의 영광으로 말미암아 그리스도를 죽은 자 가운
> 데서 살리심과 같이 우리로 또한 새 생명 가운데서 행하게 하
> 려 함이라(롬 6:3-4).

믿음으로의 회심, 곧 하나님의 거룩한 나라로 들어감은 죽음 자체와 다를 바 없는 일이다. 극단적으로 옛 삶을 멈추고 극단적으로 새 삶에 연합하고, 그리스도의 자기 죽음과 부활만큼이나 극단적이다.

바울은 세례를 통해 우리가 그리스도의 죽음과 부활에 연합한다고 말한다. 우리는 세례수에 빠져 "장사 된다." 그리고 '새 생명 가운데서 걷도록' 다시 일어선다. 초기 세례 예전의 일부였을 것으로 보이는 다른 구절에서도 바울은 세례를 기독 공동체의 기본으로 말한다.

> 너희가 다 믿음으로 말미암아 그리스도 예수 안에서 하나님의
> 아들이 되었으니 누구든지 그리스도와 합하기 위하여 세례를
> 받은 자는 그리스도로 옷 입었느니라 너희는 유대인이나 헬라
> 인이나 종이나 자유인이나 남자나 여자나 다 그리스도 예수 안
> 에서 하나이니라(갈 3:26-28).

세례 예식에서의 씻는 물은 구시대 삶의 특징인 모든 인종적,

사회적, 성적인 차별을 씻어버린다. 무엇보다 세례는 기독교로의 입교 예식이었다. 그리스도의 이름으로 모이는 새로운 종말론적 공동체로 들어감을 표시하는 순간이었다. 주관적 효과를 수반하는 객관적 행위였다.

이스라엘이 하나님의 은혜로 하나님의 백성이 되기 위해 노예에서 자유인의 신분으로 홍해를 통과하였듯이, 우리는 교회 안에서 하나님의 백성이 되기 위해 죽음에서 삶으로 세례수를 통과한다(고전 10:2). 물속으로 가라앉아 옛 죄와 속박에 대하여 죽고 의와 자유에 대하여 살아난다. 다시 한번 초기 세례 찬송을 인용한다.

> 너희도 산 돌 같이 신령한 집으로 세워지고 예수 그리스도로 말미암아 하나님이 기쁘게 받으실 신령한 제사를 드릴 거룩한 제사장이 될지니라 … 그러나 너희는 택하신 족속이요 왕 같은 제사장들이요 거룩한 나라요 그의 소유가 된 백성이니 이는 너희를 어두운 데서 불러 내어 그의 기이한 빛에 들어가게 하신 이의 아름다운 덕을 선포하게 하려 하심이라 (벧전 2:5-9).

제3장

이방 세계에서의 세례와 성찬: 2-3세기

Baptism and Eucharist in a Gentile World:
The Second and Third Centuries

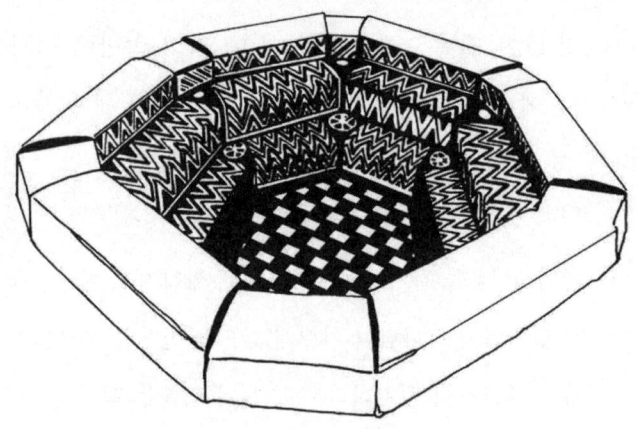

Baptistry at Timgad, 3rd century

    1세기 교회는 유대적 기원과의 관계 안에서 자신을 정의하기 위해 힘썼다. 다음 두 세기 동안 교회는 그레코-로만 세계 세계의 다양한 문화, 철학, 종교들과 직면하면서 자신의 절개를 지키기 위해 투쟁해야 했다.

    기독교 예배는 여전히 가족 활동으로, 가정을 중심으로 한 모임이었고, 부패한 로마 문화의 주변부에 있었던 반문화 운동이었다. 기독교가 그레코-로만 세계와 만나는 역동성은 이 중요한 기간 동안 발전한 기독교 입교 의식에서 가장 잘 나타난다.

1. 세례

바울과 같은 선교사들의 주도 아래, 교회는 상당한 성장을 경험했다. 디오클레티아누스(Gaius Aurelius Valerius Diocletianus, 약 244-312)의 박해(A.D. 303) 이전까지 로마에는 수천의 성도를 가진 교회들이 약 40개가 있었다. 그리스도인들의 급속한 수적 성장은 쉬운 입교 허가, 문화적 순응, 느슨한 회원 자격이라는 환경 아래서 일어난 것이 아니었다.

반대로, 이 시기의 세례 예식은 교회가 자신을 둘러싼 이교적 환경에 대해 저항하면서 스스로에 대한 정의를 내리고 있었음을 보여 준다. 초기 세례에 대한 주된 자료는 A.D. 215년경 로마의 히폴리투스(Hippolytus)가 작성한 『사도 전승』(16-23장)이다. 『사도 전승』은 세례를 기념 예식이 아닌 기독교 공동체로 들어오는 긴 과정의 일부로 기술한다.

첫째, 입교를 원하는 모든 자에게는 엄격한 시험이 있었다.

우상 숭배자, 배우, 서커스 공연자와 연출자, 포주, 검투사, 매춘부, 점성술사, 마술사는 그러한 활동이 비도덕적, 이교적 내용을 함축하고 있었기 때문에 거절됐다. 군인과 정부의 고위 공무원들도 허락되지 않았는데, 이교 정부에 복종하고 있기 때문이었다. 이교 신화와 우화에서 악명 높은 호사가로 등장하는 예술가와 교사는 간신히 받아들여졌다. 교회는 모든 이들에게 자신을 개방하지 않으면서 낯설고 적대적인 이교 세상에서 스스로를 구별하기 위해 애썼다.

세례 예비자(catechumens)로 허가된 이들은 교육, 구약성경 읽기, 예배라는 3년간의 과정을 거친다. 세례 예비자들은 시낙시스, 즉 말씀의 예배인 일요일 예배의 첫 부분에 참여할 수 있지만, 주님의 만찬 전에는 나가야만 했다. 3년 후 세례 예비자가 신앙의 지식과 도덕적 삶으로 자신을 증거하면 "후보자"(competentes)로 인정받게 된다. 부활절 몇 주 전까지 이들 후보자는 복음에 대한 최종 단계의 교육을 받고, 매일 구마 의식(exorcism)을 받으며, 신중하게 시험을 받는다.

> 세례받을 사람(후보자)들을 선발할 때에 그들의 생활에 대하여 심사할 것이다. 예비자로 있는 동안 그들이 성실하게 살았는지, 과부들을 공경했는지, 병자들을 방문했는지, 온갖 종류의 선행했는지 (물어볼 것이다).
> 그들을 인도했던 사람들이 그들 각자에 대해 증언할 것이다. 그렇게 행한 사람은 복음을 듣게 할 것이다. 그들이 선별된 다음부터는 매일 구마 의식을 할 때마다 그들 위에 안수할 것이다.

세례 일이 다가오면 감독자는 그들이 깨끗한 사람인지 알아보기 위해 한 사람씩 구마 의식을 할 것이다. 만일 선하지 못한 사람이나 깨끗하지 못한 사람이라면 제외할 것이니, 그런 사람은 믿음으로 말씀을 듣지 않았기 때문이다(20).[1]

후보자들은 부활절 전 목요일에 목욕하고, 금요일과 토요일에 금식한다. 토요일에는 감독에 의해 최종 구마 의식이 행해진다.

(감독자는) 그들 모두에게 기도하고 무릎을 꿇게 명할 것이다. 그리고 그들 위에 안수하면서 온갖 이질적인 영들이 그들을 떠나 더 이상 그들 안에 되돌아오지 못하도록 구마 의식을 행할 것이다. 구마 의식이 끝나면 그는 그들의 얼굴에 숨을 내쉬고, 그들의 이마와 귀와 코에 (십자) 표시를 한 다음 그들을 일어서게 할 것이다(20).

그날 밤은 독서와 교육을 하며 밤을 지새운다. 부활절 아침, 여명이 지평선에서부터 밝아오면 창조의 물, 무덤의 물, 홍해의 물,

---

[1] *La Tradition Apostolique de saint Hippolyte Essai de reconstruction*, trans. Dom Bernard Botte (Münster Westfalen: Aschendorff Verlagsbuchhandlung, 1963), 히뽈리투스, 『사도 전승』, 이형우 역 (왜관: 분도출판사, 2014). 저자는 보테(Botte)가 재구성한 라틴어본에서 영어로 사역하여 인용하였으나, 이 책에서는 분도출판사에서 발행한 한국어본에서 인용한다. 괄호 안의 숫자는 인용한 책에서의 장을 나타낸다 –역주.

모세가 건짐을 받은 물, 바위에서 솟아 나온 물, 나아만이 잠겼던 물, 마리아의 양수, 요단강의 물, 우물가의 여인에게 약속하셨던 영생수, 그리스도의 허리에서 나왔던 물과 낙원의 물 등 구속사 가운데 나타난 물이 담고 있는 많은 함축을 연상시키는 세례수 위에 기도한다. 세례수는 샘에서 흘러나오거나 위에 있는 저장소로부터 부어진 "생수"로 명시됐다.

듀라 유로포스(Dura-Europos, A.D 약 232)에서 발견된 가정식 교회에는 앞에서 진술하였듯이 죽음과 삶이라는 세례의 의미를 연상시키는 무덤 비슷한 상자 모양의 특별한 세례 공간이 있었다.

구별된 '감사의 기름'과 '구마의 기름'을 후보자에게 붓는다. 후보자들은 모든 옷과 장신구를 벗고("아무도 다른 어떤 것을 걸치고 물에 내려가지 말아야 한다") "사탄아, 나는 너와 너에 대한 모든 예배와 모든 [미신적인] 행위들을 끊어 버린다"라고 선포한다. 장로(deacon)가 각 후보자에게 구마의 기름을 발라 주고 감독(bishop)이나 장로(presbyter)가 개별적으로 세례를 받는 물로 인도한다.[2]

물 안에서 장로가 후보자에게 묻는다.

---

[2] Deacon을 집사로 번역하지 않고 장로로 번역하면 presbyter와 혼동될 수 있으나, 『사도 전승』의 한글번역본으로 인용하는 이형우 역판에서도 deacon과 presbyter를 구분 없이 장로로 번역하고, 현재 장로 직분을 사용하는 한국 교회 세례 예식에서도 세례를 직접 베푸는 것은 목사와 장로이기에 본 역서에서는 deacon을 장로로 번역하고, 다만 deacon이 나올 때마다 괄호 안에 원 단어를 함께 적는다-역주.

전능하신 하나님 아버지를 믿습니까?

"믿습니다"라고 후보자가 대답한다. 그러면 장로는 후보자를 침수시킨다.

하나님의 아들, 성령으로 잉태되어 동정녀 마리아에게서 나시고 본디오 빌라도 치하에서 십자가에 못 박혀 돌아가셨으나 삼일째 살아나셔서 아버지 우편에 앉아계시다가 살아있는 자와 죽은 자를 심판하러 오실 예수 그리스도를 믿습니까? 믿습니다.

그러면 후보자를 두 번째 침수하고, 다시 묻는다.

성령 하나님과 거룩한 교회와 몸의 부활을 믿습니까?

세 번째이자 마지막으로 후보자가 세례수에 침수된다. 현재 우리가 고백하는 사도신경은 초기 세례 문답에서부터 발전됐다.

이제 세례받은 자들은 감사의 기름으로 완전히 기름 부음을 받고 (아마도 흰색 새) 옷을 입은 뒤 ("그리스도로 옷 입으라"), 회중들에 인도되어 감독 앞에 선다. 감독은 안수하고 기름을 붓는 반복되는 표시를 통해 세례를 인준해 주는데, 이는 훗날 "견진성사"(confirmation)라고 구분되는 예식의 전신이기도 하다.

감독은 새로 세례를 받은 이의 이마에 십자가 표시를 한 후,

"주님이 당신과 함께하십니다"라며 키스와 더불어 세례자를 맞아준다. 그러면 "그리고 당신의 영과 함께"라고 새로 그리스도인이 된 이들이 화답한다.

새로 세례를 받은 이들은 처음으로 신자들의 기도에 동참하고, 평화의 입맞춤을 하고, 음식을 예물로 드린다. 성찬이 진행되면, 보통 사용하던 빵과 포도주를 섞은 물에 더하여 새로 세례를 받은 이들은 내적 세례를 상징하는 물과 우유와 꿀을 받았다.

> 젖과 꿀이 혼합된 것에 감사의 기도를 바칠 것이니, 이는 선조들에게 하신 약속을 이루시기 위해서다. (하나님은) 이 약속에서 젖과 꿀이 흐르는 땅에 대해 말씀하셨으며, 또 그리스도께서는 당신의 몸을 주셨는데, 그분께서 이를 통해 믿는 이들을 마치 어린아이들처럼 양육하시며, 말씀의 단맛으로 마음의 쓰라림을 감미롭게 하신다(21).

부활절 성찬식에서는 감독이 새로 세례를 받은 이들을 위해 각 순서의 의미에 대해 가르쳐 준다. 당시 로마에서의 세례 진행을 보여 주는 『사도 전승』의 세례 기록을 통해, 초대교회 세례 예식에 대한 기본적인 형태에 대해서도 짐작해 볼 수 있다.

히폴리투스는 또한, 기독교 가정의 유아 세례에 대해서도 묘사한다.

너희는 어린이들에게 먼저 세례를 베풀 것이다. 말할 수 있는 사람은 모두 스스로 대답할 것이고, 말할 수 없는 (어린이의 경우에는) 부모나 그들 가족 중에 한 사람이 그들 대신 대답할 것이다 (21).

유아 세례는 3세기에 보편적으로 받아들여지고 있었지만 (터툴리안 같은 이들은 반대했다), 때로 부모들은 유아 세례를 유예할 수도 있었다. 그리스도인 부모들의 유아 세례는 교회가 하나님의 가족이라는 믿음 안에서 자연스럽게 번져갔는데, 세례를 받은 아이들이 자라면서 신앙의 성장이 있는지 돌보는 일도 중요했다.
이처럼 긴 기간에 걸친 훈련과 풍성한 상징을 가진 세례와 회심의 경험을 통해 분명 자신의 옛 자아가 죽고 중생했다는 감정이 생기게 되었을 것이다. 세례를 통해 그들은 신앙 공동체에 참가하게 된다. 어떤 이교에 있는 정화 의식과는 달리 기독교 세례는 신자에 의한 반복적 자기 정화가 아니라, 오직 하나님의 은혜 안에서 단번에 이루어지는 예식이다.
터툴리안이 말했다.

그리스도인들은 태어나는 것이 아니라 만들어진다.

그리스도인의 삶은 회심과 재형성 및 신자로서의 삶의 기준을 요구했다. 세례는 마법적 목욕재계가 아니다. 수세자의 반응과 그의 삶에서의 새로운 방향성을 요구한다. 그리스도께서 부활의 주로 부활절에 무덤에서 일어나셨듯이 새로 입교한 사람들은 새로운 구원의 백성으로 세례수로부터 일어난다.

> 너희가 전에는 백성이 아니더니 이제는 하나님의 백성이요 (벧전 2:10상).

2. 성찬

세례의 결과로서 그 자격을 부여받은 이들은 회중의 거룩한 식사에 참여하는 높은 특권을 부여받는다. "그리스도의 이름으로" 세례받은 후 그리스도의 식탁에서 그리스도와 그분의 교회와 함께 먹고 마실 수 있게 된다.

2세기 초까지 그리스도인들의 거룩한 식사는 보통 감사를 의미하는 '유카리스트'(Eucharist)라고 불렸다. A.D. 100년경 기록된 『디다케』(*Didache*)에서는 그리스도인들에게 이렇게 권면한다.[3]

> 주님의 주일마다 여러분은 모여서 빵을 나누고 감사드리시오.

---

[3] 디다케의 번역은 정양모 역주, 『열두 사도들의 가르침: 디다케』(왜관: 분도출판사, 1993)에서 인용하고, 괄호 안의 숫자는 번역서에서의 장을 의미한다-역주.

그러나 그 전에 여러분의 범법들을 고백하여 여러분의 제사가 깨끗하게 되도록 하시오(14).

A.D. 150년경 기록된 순교자 저스틴(Justin, A.D. 100-168)의 『변증서』(Apologia)에서는 교역자와 평신도 사이의 구분이 없는 듯 보이는 "사회자"의 인도에 따라 진행되던 로마교회의 일요일 예배에 대해 묘사한다. 사도들의 저작이나 선지서를 "시간이 허락할 때까지" 읽음으로 시작해서 사회자가 "회중들에게 이 아름다운 가르침을 삶에서 실천하도록 즉시 타이르는" 설교가 이어졌다. "그 후엔 모두 일어서서 기도문을 낭독한다." 그리고 빵과 물을 탄 포도주를 같이 가져오고, 사회자가 "그의 힘을 다해" 감사의 기도를 드리면, 회중은 "아멘"으로 화답한다.

이제 성찬이 집례되고, 남은 음식은 집사들(deacons)이 고아와 과부 및 참석하지 못한 이들에게 가져다주기 위해 모은다. 성찬이 말씀의 예배인 '시낙시스'를 이어서 집례된다는 사실에 주목하라. 이는 회당 예배와는 분명한 차이를 보인다.

『디다케』와 『변증서』를 통해 우리는 그저 일요일 예배의 기본적인 형태를 훑어볼 뿐이다. 예배 전체를 말해 주는 예식서도 없고, 예배 형태는 이 시기에 확정된 것처럼 보이긴 하지만, 지역마다 차이를 보이고, 내용상으로도 유연한 자세를 지녔다. 기도의 주제는 정해져 있었으나 성찬 기도 때의 정확한 문구는 기도자에게 달려 있었다. 3세기가 돼서야 일요일 예배의 명확한 형태가 생겼고, 성찬의 핵심인 성찬 기도의 정확한 문구가 처음으로 알려졌다. 그 기도는 『사도 전승』의 4장에 기록되어 있다.

『사도 전승』에 나타난 세례에 대한 기록은 이미 살펴보았다. 또한, 히폴리투스는 감독의 임직식에 나타난 3세기 성찬에 대한 기록도 제공해 준다. 히폴리투스는 뒤에서도 보게 되겠지만 초대교회 성찬에 대한 이 구체적인 유산을 통해 초기 예전 역사에 있어 가장 중요한 모형이자 오늘날 예전 혁신의 원재료가 됐다고 해도 과언이 아니다.

히폴리투스는 '정확한' 예식과 관습을 기록을 통해 남겨 둠으로써 '무분별한 혁신자들'에 의해 그것들이 파괴되지 않도록 했다. 『사도 전승』이 가지는 이러한 보수적인 목적으로 인해, 우리 앞서 있었던 서방교회에서의 가장 오래된 성찬 시행의 모델들이 우리에게 전해지게 됐다고 확신한다.

성찬에 대한 히폴리투스의 기록을 보면 먼저 기록들에 대한 자세한 설명이 우리를 놀라게 한다. 이미 보았듯이 오직 세례자들과 충분히 교육받은 자들만이 성찬에 참여한다. 식사는 일요일 예배가 최고조를 이룰 때 시행된다. 말씀의 예전 후 장로(deacons)들이 빵과 포도주를 가지고 성찬대에 서서 성찬을 집례하는 감독에게 가져다준다.

히폴리투스의 성찬 기도의 도드라진 특징은 간결함과 평이함에 있다. 서방교회의 성찬 예전은 성찬 기도의 골격과 핵심을 모호하게 만드는 부차적 요소들로 가득 차게 된 상황에서 발전해

왔다. 몇몇 예외는 있지만, 훗날 모든 성찬 기도가 형성되는 중요한 부분들을 이 순서들에서 볼 수 있다. 이 기도의 일부는 대담하고 직설적인 방법으로 제시된다.

먼저 '마음을 드높이'라는 뜻의 '수르숨 코르다'(Sursum Corda)로 시작되는 대화가 감독과 회중 사이에서 오가는데, 아마도 회당 전통에서부터 왔을 가능성이 크다.

감독: 주께서 여러분과 함께

회중: 또한, 당신의 영광 함께

감독: 마음을 드높이

회중: 우리는 주님께 (마음을) 향하고 있습니다.

감독: 주님께 감사합시다.

회중: 마땅하고 옳은 일입니다(4).

그리고 감독이 성찬 기도를 낭독한다. 『사도 전승』에는 성찬 기도의 모형이 있을 뿐 기도가 고정된 텍스트로 있었던 것은 아니다. 감독 양쪽에 서 있는 장로들이 바쳐진 빵과 포도주[4]에 손을 얹고 기도한다.

---

[4] 초대교회는 성찬에 사용하는 빵과 포도주를 각자가 가지고 와서 하나님께 드렸다. 그래서 이를 예물(offering)로 번역하는데, 현재 우리가 금전으로 하는 헌금(offering)과 혼동될 수 있기에 성찬을 위한 예물은 "빵과 포도주"라고 풀어서 번역한다-역주.

이 기도는 감사 기도, 헬라어로 "바침"을 뜻하는 아나포라 (*anaphora*), 종교개혁가들이 부적절한 용어로 보았던 "축성 기도"(Prayer of Consecration), 미사 전문(canon), 혹은 성찬 기도(eucharistic prayer) 등 다양하게 불리는데, 몇 가지 요소로 구성되어 있다.

1) 감사

아나포라의 서두에 등장하는 감사의 요소를 이해하기 위해서는 유대인들의 음식에 대한 '축복'은 항상 '감사'였음을 기억해야 한다. 유대인들은 '이 음식을 축복'하지 않고, "이 음식을 주신 하나님이 복되시다"라고 했다. "하나님은 위대하시며 선하십니다. 음식을 주신 그분께 감사합시다"가 식탁 축복의 핵심이다. "감사하다"라는 뜻의 헬라어 '유카리스테인'(*eucharistein*)과 "찬송하다"로 번역되는 '유로게인'(*eulogein*)은 신약성경에서 큰 구별 없이 사용된다.[5] 하나님께 감사함이 곧 그분을 찬양함이며, 또한 하나님의 놀라운 일을 선포함이다. 우리가 드리는 감사의 기본은 하나님이 행하신 큰일 앞에서 느끼는 고마움이다.

기도를 감사로 시작함으로 전체 성찬의 분위기를 지정해 준다.

하나님, 마지막 시대에 당신의 사랑하시는 아들 예수 그리스

---

[5] 막 8:6-7을 보라.

도를 구원자이며, 구속자이고, 당신 뜻의 사자로 우리에게 보내 주심에 감사드리나이다. 그분은 당신의 불가분 말씀이며, 당신은 그 말씀을 통해 만물을 창조하셨고, 당신이 가장 기뻐하시는 분이시나이다. 당신은 (그분을) 하늘로부터 동정녀의 품 안으로 (내려) 보내시고, 그 모태에서 육화되게 하시고, 당신의 아드님으로 나타나게 하시고, 성령과 동정녀로부터 태어나게 하셨나이다. 그분은 당신의 뜻을 채우시고 당신께 거룩한 백성을 얻어 드리고자, 당신을 믿는 이들을 고통에서부터 구원하기 위해 수난을 받으실 때 손을 펼치셨나이다(4).

성찬 기도의 기본 형태는 구약성경(대하 6:4; 느 9:5 이하 등)에 나오는 유대인의 감사 기도인 '베레카'(berekah)[6]와 유대 식사에서 포도주 잔 위에 하는 기도인 '키두쉬'(kiddush)를 본땄다. 이러한 기도들의 개요는 언제나 같다. 처음엔 일련의 감사의 제목들을 열거하는데, 종종 과거에 행하신 하나님의 크신 자비에 대한 찬송의 형태를 취하기도 한다.

이러한 감사의 내용들은 이어서 나오는 간구를 정당화 시켜준다. **『사도 전승』**에는 창조, 성육신, 고난, 최후의 만찬, 네 번에 걸쳐 감사가 나온다. 따라서 **『사도 전승』**의 감사 기도는 유대교의 식탁 축복에서 가장 완전하게 볼 수 있다.

---

6   또는 베라카 berakah -역주.

서두에 나오는 기도의 내용은 사도신경 중 성자에 대한 고백과 일치를 이루며 그 자체로도 사도적 교훈과 설교의 핵심을 잘 요약해 준다. 이 기도가 곧 하나님께서 행하신 일을 성찬 모임에 알리고 기억하게 하는 찬양이며 공적인 선포다.

선명한 이미지의 "손을 펼치셨나이다"라는 표현은 분명 이사야 65:2, "내가 종일 손을 펴서 … 패역한 백성들을 불렀나니"를 시사한다.

같은 표현이 로마서 10:21에서 바울에 의해 반복되는데, 여기서는 십자가에서 주님이 보여 주신 거룩한 연민에 대한 강한 이미지로 등장한다. 하지만 후대의 미사(Mass)와 성만찬 예전에서는 놀랍게도 그리스도의 고난에 대한 강조가 거의 등장하지 않는다는 사실에 주목하라.

2) 제정의 말씀

『사도 전승』에 나타나는 분위기는 인간의 자유를 위한 그리스도의 승리를 기뻐하는 개선가와 같다. 미래에 초점을 맞춘 종말론적 기도로서 전 우주가 구속받고 만물이 새롭게 되는 새 시대를 노래한다. 한때 인류를 속박했던 사슬은 더 이상 그들을 옭아매지 못한다.

『사도 전승』에서 그리스도인들은 분명 부활의 식사에 참여하는 것이지 세상을 떠난 영웅을 소환하는 게 아니다. 이것을 깨닫는 것이 오늘날 예전 개혁을 위한 깊은 함의를 가진다.

> 그분은 자신을 스스로 수난에 내부치시어 죽음을 소멸하시고, 악마의 사슬을 깨뜨리시며, 지옥을 몰아내시고, 의인들을 비추시며, (신앙의) 법을 제정하시고, 부활을 드러내 보이셨나이다. 그분은 빵을 드시고 당신께 감사의 기도를 바치시면서 말씀하셨나이다.
> "너희는 받아 먹으라. 이는 너희를 위해 바수어질 내 몸이다."
> 잔에도 같은 모양으로 말씀하셨나이다.
> "이는 너희를 위해 흘릴 내 피이다. 너희는 이를 행할 때(마다) 나를 기념하라"(4).

"악마의 사슬을 깨뜨리시고, 지옥을 몰아내시며, 의인들을 비추시고, (신앙의) 법을 제정하시며, 부활을 드러내 보이셨나이다"라는 우레와 같은 표현은 후대 기독교 신학을 지배했던 법정적이고 대리적 속죄라는 이미지가 아니라 '승리자 그리스도'(Christus Victor)의 이미지에 나타나는 그리스도의 구속 사역을 대변한다.

제정의 말씀은 간단하다. 고린도전서 11:23 말씀을 추가 없이 그대로 평서문으로 만든 형태다. 특정 단어들에 대한 강조도 없고 그런 시도조차 없다. 그저 전체 구원 이야기의 핵심 부분을 말해 줄 뿐이다. 그리스도의 구원 사역의 다른 부분들을 제외하고 오직 제정의 말씀만을 성찬 기도의 핵심으로 강조하는 후기 발전의 관점에서 볼 때 이는 흥미로운 일이다.

3) 아남네시스(anamnesis, 기억)

제정의 말씀 바로 이어서 '기억'을 의미하는 '아남네시스'(anamnesis)가 나온다. 그레고리 딕스(Gregory Dix, 1901-1952)는 여기서 말하는 기억은 과거로부터 무언가를 기억해 내는 것이 아닌 어떤 과거의 사건을 '재현'하거나 '재호명'하여 현재화시키는 행위로 번역되어야 한다고 제안했다.[7]

특별히 유대인들에게 있어 예전을 통해 무언가를 기억함은 죽은 과거에 강조를 두지 않고 현재 나타난 힘과 지금 실재하는 우리의 공간을 선포함이다.

> 그러므로 우리는 그분의 죽음과 부활을 기념(기억)하여 당신께 빵과 잔을 드리오며, 우리로 하여금 당신 어전에 합당한 자로 서게 하고 봉사드리게 하신 (은혜에) 감사하나이다(4).

따라서 여기서 말하는 '기억'은 보다 정확하게는 역사적 회고의 의미가 아니다. 출애굽 사건이 그들의 기억을 통해 구원 사역

---

[7] Gregory Dix, *The Shape of the Liturgy* (Westminster: Dacre Press, 1945), 245.

의 일부로 현재화가 된다고 기억하는 유대인의 유월절 세이더[8] 기도에서 이해되었던 것처럼 '선언'과 '참여'다.

4) 성령의 임재를 구하는 기도(epiclesis)

선행된 아남네시스에서 교회는 빵과 포도주를 드렸다. 그리고 이에 대한 거룩한 응답을 요청하는 성령의 임재를 구하는 기도(epiclesis)가 이어진다. 빵과 포도주 및 참여자들에게 성령께서 임재해 주시기를 간구하는 기도다.

> 청하오니, 거룩한 교회의 예물에 당신 성령을 보내 주소서. 거룩한 (신비에) 참여한 우리 모든 이를 일치시켜 주시고 진리 안에서 믿음이 굳세어지도록 성령으로 충만케 하시어 우리가 당신의 아들 예수 그리스도를 통해 당신께 찬미와 영광을 드리게 하소서(4).

비록, 그런 의미가 내포되어 있다고 해도 나중에 동방교회에서 그랬던 것처럼 성령의 임재를 구하는 기도에서 행하는 간구는 빵과 포도주를 주님의 몸과 피로 바꾸어 달라는 청원은 아니다.

---

8 34쪽을 보라.

5) 송영

송영으로 감사 기도를 마무리한다. 이로서 그리스도 안에서 인간에게 주신 자유에 대한 반응은 찬송이어야 한다는 기도의 감사적(eucharistic) 성격을 재확인한다.

"아멘"이라고 함으로써 진행된 모든 일에 대한 동의와 참여를 다짐한다.

> 그분을 통해 성령과 함께 당신께 (성부와 성자께) 영광과 영예가 성 교회 안에서 지금과 세세에 있으소서. 아멘(4).

이제 신자들은 식탁으로 가서 성찬의 빵과 포도주를 받는다. 식사 후에는 장로들(decons)이 남은 음식을 가난한 이들을 위해 모으고, 신자들은 그들 대부분이 신앙을 지키기 위해 비싼 대가를 치러야 하는 치열한 세상을 향해 흩어진다.

그들은 기꺼이 대가를 치를 것이다. 왜냐하면, 세례를 통해 그들은 새로운 사람이 되었고, 성찬을 통해 모든 것을 지불할 가치가 있는 기쁨을 맛보고 거기에 참여하였기 때문이다.

제4장

이교도들과의 투쟁: 4-8세기

Transforming and Being Transformed by a Pagan World: The Fourth to the Eighth Centuries In

Basilica reconstruction, circa 4th century

A.D. 313년 콘스탄틴 황제가 교회와 '평화'를 이루었고, 그리스도인들은 로마 정부의 자비로운 비호 아래 점차 성장하면서 사람들의 존중을 받게 됐다. 향후 수 세기간 기독교 예배는 이교에게 영향을 줄 뿐 아니라 교회가 늘 그렇듯이 그들로부터 영향을 받게 된다.

교회는 결코 진공 상태에서 존재하지 않는다. 개종자들은 세례수로는 완전하게 뿌리 뽑을 수 없는 문화적 유산을 안은 채 신앙으로 들어오게 마련이었다. 기독교 예배는 건축, 예술, 의복, 사회 생활, 예식, 언어, 철학 등 그레코-로마 세계 문화의 유산들에 동화되었으며 거기에서부터 몇 가지 근본적인 변화를 맞이하게 된다.

1. 예배 건축

콘스탄틴과 왕족들은 로마, 콘스탄티노플, 예루살렘에 예배를 위한 웅장한 건물들을 세우면서 기독교를 국가의 새로운 종교로 승격시켰다. 기독교로 개종한 새로운 군중들이 예배하기 위한 더 큰 공간들이 필요했다.

기독교 예배는 이제 더 이상 가정에서 모이는 가족 모임이 아니라 "공예배"(public worship)가 되었고, 기독교의 새로운 위상을 잘 표현해 주는 공공건물들이 기독교 예전에 많은 영향을 주게 됐다. 로마의 공공건물인 바실리카가 기독교 예배를 위한 최고의 건축 형태로 도입됐다.

로마의 뛰어난 건물 중에서도 바실리카는 법원, 시장, 중요한 행정 기능을 위해 모이는 장소였다. 그 건물들은 위엄, 권세, 특권을 연상시키므로 바실리카가 기독교 예배를 위한 장소로 선택

제4장 이교도들과의 투쟁: 4-8세기   75

된 것은 자연스러운 일이었다.

　기독교 바실리카의 배치도는 간단하다. 기둥들로 둘러싸여 펼쳐진 중앙 통로가 있고, 출입구 반대편에는 후진[1]이 있었다. 후진에는 감독이 앉는 의자인 주교좌와 그것을 둘러싼 다른 의자들이 교역자들을 위해 늘어져 있었다. 로마의 철학자들이 앉아서 가르쳤던 것처럼 감독은 주교좌에 앉은 채 예배를 인도하고 설교했다. 후진 앞쪽 회중석 가까운 곳에 작은 정사각형 모양의 테이블이 있었는데 로마의 성 베드로성당에 있는 것과 같이 차양 비슷한 성합(*ciborium*)[2] 아래 놓여서 더 부각되어 보였다. 성경은 설교단과 비슷한 낭독대에서 읽었다.

　바실리카의 외부에는 많은 장식을 하지 않았다. 보통은 모자이크나 성경 이야기로 가득한 내부에 그 건물의 영광이 있었다. 교회에 들어서면 친근했던 옛 세상을 잊고 신앙의 낯선 새 세상을 맞이하게 된다.

　바실리카의 어둑한 내부에 들어서자마자 길게 기둥들이 늘어선 풍경이 성찬상과 주교좌로 시선을 이끈다. 이런 건물에서의 예전 인도자는 건물 끝부분인, 후진 안쪽, 즉 "높은 곳"에 있게 된다. 건물 내부는 단순하지만, 감각적이고 긴 선형이어서 행렬,

---

1　출입구 맞은편에 있는 반원으로 움푹 들어간 공간 –역주.
2　성합은 성찬에 사용하는 떡을 담는 작은 용기를 의미하기도 하는데, 본문에서는 성찬대 위에 네 개의 기둥을 세워 성찬대를 돋보이게 하는 구조물을 가리킨다 –역주.

화려한 의식, 드라마에 적합했다. 화려한 제국의 면모와 그만큼이나 딱딱한 형식은 기독교 예전에 많은 영향을 주어 향후 수 세기 간 예배에 스며들게 된다.

2. 순교자들의 무덤

기독교인들은 가끔 이교의 건물들을 개조하여 사용했다. 원형, 정방형, 팔각형, 십자형 등으로 건축된 로마의 묘들은 성인들이나 순교자들의 무덤으로 개조됐다. 교회는 이곳에서 순교자들이 죽은 날을 기념하기 위해 모였는데, 그들은 그날을 "영원으로 가는 생일"이라고 불렀다.

예루살렘에는 전통적으로 예수님이 부활하신 장소라고 알려진 곳에 거대한 돔으로 된 순교자들을 위한 무덤이 세워졌다. 이 거대한 건물들은 점진적으로 증가했던 순교자 숭배를 위해 사용됐다.

로마의 묘들은 또한, 많은 초기 세례당의 건축 형태도 제공해줬다. 세례당에는 죽음과 부활의 연관을 가시적으로 보여 주는 무덤이나 석관과 닮은 중앙 세례조가 위치해 있었다.

중앙 집중식인 로마의 묘는 한 가지 목적이나 행위를 강조하는데 최적합화된 건물 형태였다. 동방에서는 이러한 원형, 팔각형, 혹은 십자형 건물들이 교회로 많이 사용되었는데, 이는 동방교회의 예배가 서방교회와는 다른 강조점을 두고 있음을 보여 준다.

서방교회는 마침내 선형의 직사각형 형태를 띤 바실리카를 예배에 유일하게 적합한 건축으로 보게 되었는데, 이 발전이 예전의 형태와 그것이 강조하는 바를 결정짓는 데 도움을 줬다.

3. 이교의 선물들

이교 문화의 다른 요소들도 중세 이전 기독교 예배에 영향을 줬다. 악기들은 이교 제사에서 신들을 불러내기 위한 수단으로 사용되었기 때문에 기독교 예배에서 제외되었지만, 단조로운 단선율 노래나, 간단한 음율, 시편 교창은 자주 사용됐다. 교회가 이교의 건축 형태를 새로운 교회 건물로 사용했던 것처럼, 이교 예술 정신이나 상징들이 내부 장식과 예전 기구들 및 무덤을 위해 사용됐다.

유명한 이교 예술의 주제였던 오르페우스(Orpheus)는 그리스도에 대한 초기 예술의 대표적 이미지인 '선한 목자 그리스도'의 원형이었다. 비둘기, 공작, 양, 어부, 포도주 짜는 기계, 심지어 큐피드와 프시케[3] 마저도 '세례받고' 신앙의 가시적 표현을 위한 명부에 이름을 올렸다.

---

3 2세기경 로마의 극작가 아폴레이우스(Lusius Apuleius)가 쓴 소설 —역주.

예전에서 사용되던 언어가 4세기부터 헬라어에서 라틴어로 바뀜에 따라 기도의 형태도 새로워졌다. 함축적이고, 명료하며, 직설적인 라틴어와 법정 이미지의 로마 성향이 일요일 예배 문서들에게 지대한 영향을 미쳤다.

'희생,' '봉헌,' '구속' 등의 용어는 원래도 기독교의 유산이었지만, 이러한 분위기 아래서 그 사용 빈도와 중요성이 증대했다. 보다 융통성 있었던 옛 예배 형식은 격식을 갖춘 고정된 예배 문서들에 그 자리를 내주게 됐다. 히폴리투스에게서 볼 수 있었던 예배 순서들은 인도자들이 읽는 고정된 기도문을 포함한 책인 성사집으로 대체됐다.

황실 의식도 기독교 예식에 영향을 줬다. 이제 감독들은 제국에서 명망 있는 지도급 위치에 올랐으며 많은 특권을 부여받았다. 동료 교역자들은 감독들이 주교좌에 앉아 있을 때 절을 해야 했는데, 이는 마치 로마 시민들이 판사들이나 영사들이 그들의 좌석에 앉아 있을 때 절을 했던 것과 같다. 법정에서 국가 공무원들을 그대로 따라야 했던 것처럼 예배자들은 감독이 예전을 인도할 때 그대로 따라야 했다.

황실 의식과 비슷한 행렬, 횃불, 조명, 향이 기독교 예배에 도입됐다. 행렬용 십자가, 나중에는 목자의 지팡이로 해석되었으나 실은 황제의 지팡이를 따라 한 것이었던 주교장, 처음에는 단순히 조명을 위해 사용되다가 나중에는 신학적 근거를 만들어내기도 했던 촛대, 거룩함의 신비를 나타내기 위해서도 사용됐지만, 악취를 제거하기 위해서도 사용되었던 향 등이 4세기 이후 기독교 예배에 들어왔다.

새로운 치장들은 성경의 가르침에 대한 비유적 의미들을 가지게 됐다. 이런 것들은 기능적 심미적 이유로 기독교 예전에 먼저 들어오게 되고 나중에 신학적 명분이 따라왔다.

고대 세계에서 친밀한 인사와 거룩한 것들에 대한 존경의 의미로 사용되었던 키스가 그리스도인들에 의해 도입됐다. 예배 중 제단과 책에 입을 맞추고, 새롭게 세례받은 이들과 동료 그리스도인들은 성만찬을 진행하기 전 '평화의 키스'를 했다.

중산층이 즐겨 입던 복장은 그 유행이 지나면서 교역자들이 입게 됐다. 한때는 평상복이었던 것들이 거룩한 제의가 됐다. 장백의는 거리에서 흔히 볼 수 있는 옷이었고, 개두포(amice), 옷깃, 수대, 손수건, 제의복도 마찬가지였다. 교역자들이 착용한 영대(stole)는 처음에는 교역자와 신도들 간의 분리가 심화된다는 이유로 논쟁거리가 된 복장이었는데, 이 역시 원래는 로마 정부의 공무원을 상징하는 표시였다.

이교가 기독교 예배에 가져다 준 또 다른 선물은 기도할 때 동쪽을 향하는 풍습이었는데, 그리스도의 승천과 재림이 동쪽이라는 신학적 명분을 가지고 있었다. 교회당은 종종 빛을 향하여, 그러니까 건물의 정면이 태양이 떠오르는 동편을 향했다.

이교도들은 자주 이러한 방식으로 그들의 성전을 건축했다. 이렇게 동편을 지향하게 되면 회중이 기도할 때 동편인 정문을 향하기 위해 성찬상에 등을 돌린 채 돌아서야 한다는 단점이 있었다. 집례자의 경우는 자신의 앞에 있는 성찬상 너머가 동편이었기 때문에 불편하지 않았다. 나중에 가서 교회들은 회중과 사제가 동편을 향하는 거대한 행렬처럼 같은 곳을 바라볼 수 있게 후진의 위치를 동편을 향하도록 예배당을 건축했다.

이런 새 건물이 지향하는 바는 이제 더 이상 집례자가 예전을 집례하는 동안 회중과 마주보지 않고 그들에게 등을 돌린 채 후진의 벽, 혹은 성만찬 식탁을 대체한 제단을 바라보게 됐다는 것으로 예전에 있어 중대한 변화였다.

4. 신학 논쟁

이교와 그레코-로만 문화 영향들 외에도 4세기의 뜨거운 신학적 논쟁들은 예전에 중대한 변화를 가져다 줬다.

아리우스는 그리스도의 신성과 관련된 엄청난 논쟁을 촉발했다. 전통적인 삼위일체 안에서 성자를 보는 틀에 반대하면서 그는 하나님의 완전한 유일함과 초월성을 강조하였고 자연스럽게 성자의 종속을 주장하게 됐다.

아리우스의 '종속론'은 성자는 성부에 의해 무에서부터 창조되었으며 성부를 완전히 알지도 못하고 그분과 같지도 않다는 내용을 담고 있다.

로마제국 내의 정치적 신학적 질서의 회복을 추구한 A.D. 325년 니케아공의회에서 아리우스주의는 이단으로 정죄됐다. 니케아는 성자는 "창조되지 않고 나셨다"라고 천명했다. 성자는 성부와 동등하므로 성부와 인간 사이의 중보자가 되신다.

여기서 생기는 질문이 있다.

그리스도인들은 누구에게 기도해야 하는가?

초대교회 대부분의 예전에서 기도는 성부 하나님께 드려졌다. 니케아공의회는 성자의 동등성을 지키기 위해 장황한 신조적 표현으로 성자는 거룩한 중보자이므로 우리의 기도를 받으실 수 있음을 확증한다. 우리는 그리스도를 통해 하나님께 기도한다.

또 다른 논쟁들도 있었다. 무엇이 합당한 성례를 구성하느냐에 대한 도나투스 논쟁, 원죄에 대한 펠라기우스 논쟁, 그리스도의 신성과 인성의 관계에 대한 네스토리우스 논쟁이 아리우스 논쟁과 더불어 예전과 예전신학에 영향을 줬다. 당시는 아직 질서가 형성되기 전의 교회가 서서히 질서를 가지기 위해 신학적 정착을 시도하던 시기였다.

한쪽 이단에 대항하는 과정 가운데 필연적으로 반대쪽으로 치우치는 과잉 반응이 일어났다. 대부분의 논쟁 결과, 그리스도의 신성에 더 강조를 두게 되면서 신약에서 증거하는(요 16:23; 히 4:14 등) 중보자 그리스도의 제사장적 역할을 축소시켰다. 그리스도의 신성과 성자의 위엄만을 강조함에 따라 교회는 초기에 가졌던 기독론적 균형을 잃게 됐다.

성찬, 혹은 주님의 만찬도 기독론과 마찬가지로 점차 경이롭고 신비하며 성도들과는 거리가 먼 것으로 변했다. 크리소스톰은 설교하면서 성찬은 '떨리는 시간'이며 '두렵고 신비스런 식탁'이라고 했다. 사람들은 한 때 친밀했던 식탁을 두려움과 경이로운 무언가로 여기면서 한 걸음 물러서게 됐다. 이단을 물리치면서 예전도 어떤 대가를 치르게 된 것이다.

5. 세례

세상을 향한 교회의 새로운 관계와 신학적 논쟁은 세례 예식에도 주목할 만한 영향을 줬다. 교회가 급속도로 성장하고 개종자가 많아짐에 따라 이전에 있었던 긴 세례 교육은 비현실적으로 다가왔다.

4세기가 되어서는 세례 예식과 교육이 간결해져서 수 주 만에 끝나게 됐다. 여전히 성인 세례가 표준이었지만 유아들의 세례도 증가하였는데, 세례 서약은 부모가 대신했다. 세례는 여전히 부활절 철야(the Easter Vigil)[4]와 연결되어 있었다.

---

[4] 부활 성야(復活 聖夜)라고도 한다 –역주.

"너는 세상의 소금이다"라는 의미에서 세례받는 이에게 소금을 준다든가, "너는 세상의 빛이다"라는 의미에서 초를 준다든가 하는 상징적 행위들이 예식에 추가된 것도 이때다. 어떤 지역에서는 세례를 상기시키고 갱신한다는 의미에서 세례수를 회중에게 뿌리기도 했다.

같은 시기에 견진성사(confirmation)가 처음으로 세례와 분리된 예식으로 등장했다. 견진성사가 세례와 분리된 것은 아마도 이단으로 간 감독에게 세례를 받은 이들과 신앙을 한때 저버렸으나 다시 회복하기 원했던 이들이 공적으로 안수를 받게 되면서부터였을 것이다.

또한, 견진성사는 성만찬에 참여할 수 있게 해 줌으로써 기독교로의 입교 절차가 완성되었음을 상징하기도 했다. 세례자들이 증가함에 따라 로마에서는 지역 장로가 세례를 베풀고, 감독은 가능할 때 가서 안수하거나 견진성사를 행했다. 세례와 견진성사라는 두 개의 예식이 하나의 기독교 입교 의식이 됐다.

도나투스 논쟁을 통해 합당한 세례는 물과 말씀으로 구성된다고 새롭게 정의됐다. 펠라기우스 논쟁에서는 원죄가 강조되었을 뿐 아니라 세례에 의해서 그 원죄가 제거됨도 강조됐다. 세례가 인간의 죄성을 깨끗하게 해 준다는 강조는 결국 병상 세례, 혹은 임종 세례와 유아 세례의 증가를 초래했다.

세례는 기독교 입교의 다면적 경험 정도로 축소됐다. 입교 예식보다는 출생 예식, 혹은 개인의 원죄 제거를 위한 수단으로 구별된 신앙 공동체로의 편입보다는 한 개인이 기독교 문화로 들어왔다는 상징이 됐다.

6. 성찬

A.D. 312년 콘스탄틴 황제는 일요일을 휴일로 공포했다. 성찬은 여전히 일요일 예배의 중심 행위였다. 지역마다 상이한 성찬의 형태가 있었지만, 서방에서는 갈릭 예전과 로마 예전이라는 두 개의 주된 라틴 예전군(群)이 형성됐다.

갈릭 예전은 보통 밀란 주변과 알프스 북부지역의 교회에서 시행된 예전을 말한다. 갈릭 예전의 도드라진 특징 중 하나는 회중의 많은 참여, 정교하고 드라마틱하며 풍부한 상징을 가진 예식들과 시적이며 화려하고 훈계적인 기도다.

샤를마뉴 대제 때, 로마 예전을 도입함으로써 성찬의 통일성을 기하고 갈릭 예전을 금지하려는 시도들이 있었는데, 기나긴 추가와 삭제의 협상 끝에 결과로 남은 것은 로마 예전의 '갈릭 예전화'였다.

로마 예전군은 로마와 북아프리카의 예전들까지 포함한다. 로마식이라고 할 때 그렇듯이, 로마 예전은 간결하고, 단순하며, 정연하고, 수수하다. 애창되는 찬송가와, 회중이 입을 열어 응답하는 순서도 거의 없다. 8세기 후부터는 로마 예전이 점차로 서방교회의 다른 예전들을 대체했다.

7세기와 8세기 사이 성찬에 무슨 일이 있었는가는 두 예전을 조사해 보면 분명히 나온다. 7세기까지의 갈릭 예전은 아래에서 기술하는 형태를 가지고 있었다.

1) 갈릭 예전

지금은 말씀의 예전이라고 부르는 '포어 미사'(*The Fore Mass*)는 교송[5]과 함께 교역자들이 입장하면서 시작됐다.

감독이 "주께서 여러분과 함께하십니다"라고 환영하면 회중은 "그리고 당신의 영과 함께 하십니다"라고 화답한다.

세 곡의 노래가 불린다.

① '거룩 거룩 거룩'으로 시작하는 '삼성송'(*Trisagion*)
② '주여 자비를 베푸소서'(*the Kyrie Eleison*)
③ 누가복음 1:68-79에 나오는 '사가랴의 노래'(*the Benedictus*)

그러면 감독의 기도가 이어지는데 기도를 통해 때로는 특별한 축제나 절기를 언급하기도 한다.

---

[5] 두 개의 성가대가 서로, 혹은 성가대와 회중이 서로 응답하며 번갈아 부르는 찬송 -역주.

이제 강론 시간이다. 사가랴의 노래 전, 혹은 후에 구약과 시신서 중 한편(혹은, 사도행전)을 읽었다. 삼성송을 부르는 동안 일곱 명이 촛대를 들고 입장하면서 복음서를 가져온다. 그리고 복음서가 낭독된다.

복음서가 선포되면 "오 주님, 영광 받으소서"라고 회중들이 화답한다. 복음서를 낭독하고 나면 삼성송을 다시 한번 부르고, 감독이나 사제가 설교를 한다.

설교 후에는 교회를 위한 기도가 탄원 기도[6]의 형식으로 드려지는데, 각 청원은 장로(deacon)에 의해 드려지고 회중은 "주님, 자비를 베푸소서"라고 응답한다.

감독이 마무리 기도를 함으로 기도를 마친다. 이제 장로들은 세례 예비자들을 데리고 함께 나간다.

성찬의 본격적인 시작은 찬양이 드려지는 가운데 엄숙한 행렬을 이루어 회중이 가지고 온 빵과 포도주를 드림으로 시작된다. 그날을 축하하는 특별한 이유를 제시해 주는 감사송과 교회력에 따른 다양한 기도가 이어진다.

빵과 포도주를 드린 사람의 이름을 읽고, 기도해 주어야 할 죽은 자들의 이름이 적힌 지향판을 읽는다. 다양한 기도 후에 찬양과 함께 평화가 선포되는데, 빵과 포도주를 드린 이후 시간이 좀

---

[6] 호칭 기도라고도 하는데, 사제나 부제, 혹은 성가대 등이 선창을 하면 회중이 응답하는 형태의 기도다. 구원과 긍휼에 대한 탄원이 주 내용을 이룬다 – 역주.

지나고 나서 이 순서가 있다는 사실에 주목할 필요가 있다. 그 후에 있는 성찬 기도는 절기에 따라 기도의 내용이 상당 부분 달라진다.

감사 찬양과 다양한 기도 후에 '수르숨 코르다'(*Sursum Corda*, 마음을 드높이)와 제정의 말씀이 이어진다. 그리고 기도로 성찬 기도를 마친다. 히폴리투스의 로마 성찬 기도에서 볼 수 있었던 아남네시스, 봉헌, 성령의 임재를 구하는 기도와 참여자들을 위한 기도는 더 이상 시행되지 않는다.

다양한 기도들과 감사송들은 성찬 기도의 기본적인 옛 요소들을 무색하게 하면서 여러 추가물들과 더불어 주일마다 바뀌는 비본질적인 요소들로 기도를 어수선하게 만드는 경향이 있었다.

2) 로마 예전

4세기 히폴리투스와 7세기 성찬들 사이의 로마 예전에 대한 문서들은 남아있는 것이 없고, 다만 같은 기간 동안 있었던 많은 변화에 대한 자료들을 볼 수 있을 뿐이다. 교황 레오 1세(Leo the Great, 440-461) 시기에는 성찬이 "미사"라는 이름으로 불리게 됐다. 그 용어는 예전의 마지막 순서인 "파송"에서부터 왔다.[7]

---

[7] 미사의 마지막에 집례자가 회중을 향해 "*Ite missa est*"라고 말하는데, 이는 "가십시오. 끝났습니다"라는 뜻이 있다 -역주.

5세기 미사는 이런 형태를 가졌음이 분명하다. 교역자가 입장할 때 시편으로 된 입당송이 미사의 시작을 알리는데, 이때부터 찬양대와 보다 정교한 음악이 사용되기 시작됐다. 자비를 구하는 기도에 이어서 신부가 다양한 기도를 하는데, 다음의 전형적인 순서를 가진 짧고 간결한 기도로 드려진다.

① 하나님의 이름을 부름
② 청원을 가능케 해 주는 하나님의 성품을 고백
③ 청원
④ 청원의 이유
⑤ 송영

찬양대가 다른 시편을 부르는 동안 회중은 빵과 포도주를 봉헌하고, 그 헌물 위에 또 다른 기도인 봉헌 기도가 드려진다. 사회자와 회중이 대화하는 전통적인 도입은 감사 찬양으로 끝나고 '수르숨 코르다'를 지나 지금은 "미사 전문"이라 불리는 성찬 기도로 이어진다. 이 기도는 제정의 말씀과 '아남네시스'라는 오래된 요소들을 포함하면서 "제단 높은 곳에 있는 당신의 천사들"이 봉헌을 받아 달라는 청원을 함으로 봉헌에 새로운 강조를 준다.

미사 전문에는 성령의 임재를 구하는 기도 혹은 참여자들을 위한 기도가 없고 감사에 대한 강조가 전반적으로 적다는 점에 주

제4장 이교도들과의 투쟁: 4-8세기

목하라.

　　우리를 위해 이 봉헌을 올바르고, 영적이며, 가치 있는 것으로 만드소서. 이것이 고난받으시기 전에 그의 손으로 빵을 취하여 하늘 곧 전능하시고 영원하시며 거룩하신 아버지 당신을 향해 드신 후, 감사를 드리고 축복하시고 빵을 나누신 뒤 나눈 빵을 사도들과 제자들에게 주시며,
　　"너희 모두가 이것을 가져다 먹으라. 이것은 많은 이들을 위하여 부셔진 나의 몸이니라"라고 말씀하시고, 같은 방식으로 식사 후에 잔을 취하시고 그것을 전능하시고 영원하시며 거룩하신 아버지 당신을 향해 드신 후, 감사를 드리고 축복하시고 그것을 사도들과 제자들에게 주시며,
　　"너희 모두가 이것을 가져다 마시라. 이것은 나의 피니라. 내가 다시 올 때까지 이것을 행할 때마다 나를 기억하라"고 말씀하신 우리 주 예수 그리스도의 몸과 피의 형상입니다.
　　그러므로, 이 영광스러운 고난과 죽음에서부터의 부활과 천국에 오른 승천을 기억하며, 우리는 이 순전한 제사를, 이 합당한 제사를, 이 무혈의 제사를, 영원한 삶을 주시는 이 거룩한 빵과 포도주를 당신께 드립니다.
　　당신의 천사들 손으로 이 봉헌을 받으시어 높은 제단에 올리시고, 우리의 의로운 종 아벨의 선물과 우리 아버지 아브라함의 제사와 대제사장 멜기세덱을 통해 드려진 것을 받으시기

위해 임재해 주시기를 간절히 기도합니다.[8]

오랜 시간 동안 성찬을 그리스도께서 그리고 우리가 드리는 제사로 보는 견해가 있어 왔는데, 이 기도는 제사장적 제사로서의 미사에 특별한 중요성을 더해 줬다. 또한, 동방교회가 성령의 임재를 구하는 기도를 강조한 데에 비해 그리스도께서 하신 제정의 말씀을 성찬의 핵심으로 본 서방교회의 강조를 반영했다.

교황 그레고리 1세(Gregory the Great, 590-604)는 날로 방대해지고 거추장스럽기까지 한 로마 예전을 간소화하기 위해 애썼지만, 그가 행한 개편과정에서 중보의 기도가 미사 전문에 들어왔으며, 전반적으로 복잡성은 더해지고 통일성은 감소 됐다.

순교자와 성인들에 대한 예식이 많아지면서 미사가 진행되는 동안 성인들의 긴 명단을 읽고 특정 성인들을 위해 날마다 바뀌는 수많은 다양한 감사송들과 기도들이 예전에 침범했다. 미사는 성인들에게 초점을 맞추면서 그들의 사역을 강조하는 반면, 그리스도의 구속 사역은 희미해지는 경향을 보이게 됐다.

주기도는 일종의 확장된 개념으로, 기도의 마지막 아멘의 역할을 하기 위해 미사 전문의 가장 끝에 위치했다. 이 기간에 향과

---

[8] Marion J. Hatchett, "Seven Pre-Reformation Eucharistic Liturgies: Historic Rites Arranged or Contemporary Celebration," *The St. Luke's Journal of Theology*, vol. XVI, no. 3 (June 1973): 50-51. © The School of Theology, The University of the South, Sewanee, TN 37375. 허가를 얻고 인용함.

초를 동반한 행렬이 도입되었으며, 성경 교습은 두 번으로 줄었고 설교는 이따금씩만 하게 됐다. 마리아 숭배(Mariology)가 부상하면서 미사에서 마리아에 대한 언급이 많아졌다. 평화의 선포는 봉헌과 함께 있었던 전통적인 위치에서 빵을 뗀 후 그것을 나누기 전 사이로 자리가 옮겨졌다.

이 모든 것의 결과로 로마의 미사 전문에는 간결함과 순서상 연속성을 가졌던 성찬 기도들 및 행위들과 히폴리투스에게서 볼 수 있었던 초기 로만 성찬의 기쁨과 감사가 사라졌다. 풍요로움과 드라마적 요소가 과거의 명료함과 통일성을 대체하다.

미사는 교제 중심의 감사가 넘치는 장에서 엄숙한 제사장적 제사로, 회중의 참여가 거의 없는 그저 거룩한 행사가 되어 버렸다. 회중은 적극적인 참여자에서 수동적인 관람자가 됐다.

이 중요한 시기가 끝날 때 지금도 지속되는 새로운 활동들이 시작됐다. 교황 그레고리 1세는 스콜라 칸토룸(schola cantorum)이라는 성가대학교가 생기는데 큰 공헌을 했다. 여기서부터 다양한 교회력에 따른 새롭고 화려한 교창 형태의 찬양들이 예전에 많이 소개됐다.

스콜라 칸토룸과 거기서 발생한 음악적 요소들은 교역자들의 입장이나 봉헌, 회중이 성찬을 받을 때 등 예배의 효율적인 부분에 추가되긴 했으나, 동시에 그 음악들은 어렵고 너무 전문적이어서 일반 성도들은 잘 따라 부를 수 없었다.

이로써, 예배에서 회중의 응답과 찬송이 교역자들에 의해 독점되는 새로운 시기가 열렸다.

5세기 성례는 결혼식 혹은 결혼기념일, 질병과 전염병이 돌때, 좋은 날씨를 위하고 죽은 자를 위한 기도 등 많은 기도를 포함하고 있었다. 어떤 사람이나 좋은 일들을 위해 하는 이런 기도들은 다양한 사람들과 상황들을 위해 미사가 집례되는 총체적인 변화를 가져왔다. 이런 미사를 '기원미사'(*votive Mass*)라 부른다.

7세기부터는 임직받은 수도승이나 사제가 몇몇 부유한 기부자에게 "미사를 해 주기"위해 고용되기도 했다. 하루에 몇 번씩 그런 일을 하기도 했는데 어떤 때에는 집례자 외에는 아무도 참석하지 않기도 했다. 미사와 주중에 일어나는 사적인 헌신 및 기념식이 섞이는 이러한 현상에 대해 당대 수많은 경고가 있었지만, 기원미사는 점차로 라틴 미사의 지배적인 형식이 됐다.

성 피터 다미아노(Saint Peter Damian, 1007-1072)는 무지한 교역자들에 의해 집례되는 기원미사의 남용에 대한 충격을 받아, 전 세계를 위한 그리스도의 희생이 "한 개인에게 제한된 유익"으로 축소됐다고 한탄했다.

이 기간에 예배는 발전하였나?

혹은 쇠퇴하였나?

의심의 여지 없이 이 기간의 기독교는 전혀 다른 종류의 믿음을 만들었다. 4세기에 있었던 신학 논쟁들은 불만족스러운 방식으로 결말이 났고, 기독교 제국은 동과 서로 갈라졌다. 예배는 비록 새로운 풍요로움을 얻긴 했으나 원래 가지고 있던 활력을 많이 잃었다. 종국에 가서는 불행한 결과들을 낳았던 예배에서의 여러 가지 실천들이 시작된 것도 이 시기였다.

중세로 넘어가기 전 이 시대에 대한 가장 긍정적인 평가는 예수회 신학자 요세프 융만(Josef Jungmann, 1889-1975)에게서 볼 수 있는데, 그는 이렇게 제시한다.

> 교회의 삶은 성육신의 연속으로 표현될 수 있다. 새로운 사람, 새로운 나라, 새로운 문화들이 끊임없이 교회에 포섭되어 그리스도의 신비한 몸으로 지어진다. 이런 것들은 다시 교회의 삶이라 여겨지는 특정한 형태를 어느 정도 결정한다.
> 이 과정이 잘 알려진 한 가지 원리를 바로 보여 준다. 즉 은혜는 본성을 고려하는데 그것을 파괴하는 것이 아니라, 완전하게 한다. 마찬가지로 예전은 문화를 고려하는데 그것을 파괴하지 않고 완전하게 한다.[9]

---

9 Josef A. Jungmann, *The Early Liturgy to the Time of Gregory the Great* (Notre Dame, IN: University of Notre Dame Press, 1959), 164-65.

제5장

복잡함과 분열: 중세

Elaboration and Fragmentation:
The Middle Ages

High altar, Gloucester Cathedral

이제는 중세가 "암흑의 시대"라고 말하지 않는다. 이 활기찬 시기에 현대 서방 세계의 기초가 놓였다. 이때로부터 현대 민주주의, 자본주의, 도시 계획, 과학, 의료 기술이 시작됐다. 위대한 고딕 양식의 예배당들은 이 시대가 '신앙의 시대'(the Age of Faith)였다는 증거다. 이 시기에 교회가 세상과 이룬 화해를 계승했을 뿐 아니라 세상을 정복하면서 그것을 계승했다.

중세는 예전에 있어 엄청난 발전을 이룬 시기였으나 그 발전들의 대부분은 이제 퇴락한 것으로 여겨진다. 이러한 퇴락은 예배하는 공동체의 해체라는 이 시기 예전의 중요한 문제를 그 중심에 두고 있다.

6세기 이후, 독립적으로 놓여 있었던 제단(altar)은 점점 후진이 위치한 벽(apsidal wall) 쪽으로 옮겨졌다. 집례자는 이제 더 이상 제단 뒤에서 회중을 바라보며 설 수 없게 됐다. A.D. 1000년 이후로는 보통 사제가 회중에게 등을 돌린 채 미사를 집전했다.

비슷한 시기에 제단 뒤에 촛불들을 놓는 선반(retable)이 생겼고, 13세기에 이르러서는 그 위에 작은 십자가도 놓았다. 제단은 책들과 장식품들, 촛불들과 제기들(vessels)로 인해 어수선해져서 단이라기보다는 오밀조밀한 찬장에 가까워졌다. 성찬상은 높은 제단이 되어 사제가 집전하는 동안 회중들은 쳐다만 보았다.

제단의 새로운 위치와 거기서 진행되는 행위는 성찬에서 일어나는 활동의 중심을 옮겼고, 이 예식에 대한 근본적인 재해석을 촉구했다.

1. 수도원으로부터의 영향

이 시기에 꽃피웠던 수도원 운동이 지역교회에 스며들게 되었을 때 주일 예배에 지대한 영향을 미쳤는데, 대부분은 달갑지 않은 영향들이었다. 수도원 예배가 지역교회에 끼친 주된 기여는 성무일과(the Divine Office)다.

성무일과는 성찬이 없는 예배인데 2장에서 보았듯 회당에서부터 생겨난 말씀의 예배인 시낙시스에서 그 뿌리를 찾을 수 있다. 수도원의 수도사들은 "쉬지 말고 기도하라"라는 바울의 권면을 따르기 위해 매일 계속되는 예배 가운데 주 단위로 시편집(Psalter) 전체를 낭독했다.

성무일과는 비성찬적인 기도였고 성경 중심의 예배였다. 보통은 설교도 없었는데, 이는 수도원 공동체의 영적인 필요에 적합한 것이었다. 이러한 수도원 식의 매일의 연속적인 공동 기도는 점차로 소위 세속 교회에 도입됐다.

성무일과는 종종 교회에 속한 수도승들에 의해 드려졌다. 가끔은 일반 성도들이나 지역교회의 교역자가 수도승들과 함께 기도하기 위해 참여하였는데, 대부분은 수도승들의 아름다운 노래를 듣는 것이 그 목적이었다.

8세기에 이르러서는 지역교회 사제들도 성무일도서(the Breviary)라는 개인적 낭독을 위한 매일의 예식서를 가지고 개인적 기도 일과를 하기 시작했다. 성무일도서의 사용은 일반 성도들의 적극적인 예배 참여를 방해하는 경향을 낳게 되었고, 비성찬적, 수동적, 개인화된 예배를 조성했다.

초기의 수도원은 평신도들의 공동체였다. 사제가 본질적으로 평신도들로 이루어져 있던 공동체에 동화되는 것은 곤란했기에 베네딕트회는 수도원에 교역자들의 출입을 삼가게 하고 조심스럽게 통제했다.

하지만 8세기에 들어 수도원이 선교사역에 뛰어들게 되면서 많은 사제를 받게 됐다. 이러한 사제-수도승(priest-monk)들은 자연스럽게 그들의 임무인 미사 집전을 하기 원했다. 요컨대 그들은 많은 경우, 참여하는 수도승이라기보다는 집례하는 사제였던 것이다. 많은 사제들이 하루에 여러 수도원에서 많은 미사를 집례하는 일들이 자주 있었는데, 어떤 때에는 그 미사에 다른 참여자들은 전혀 없기도 했다. 사제는 그저 예식서에 있는 글귀들을 혼자 읽어내려 가기만 했다.

9세기가 되면 수도원의 특별한 필요에 대한 응답으로 생긴 이 새로운 형태의 미사가 점차 수도원 밖 지역 사제들에게도 적용됐다. 당대의 많은 교회 지도자들은 주중 미사가 확산되고 이런 식의 개인 미사가 증가하는 것에 반대하였지만, 매일 열리는 개인 미사는 널리 퍼지게 됐다.

이러한 매일의 개인 미사는 "소미사"(Low Mass)로 발전됐다. 이는 사제에 의해 "읽히는" 기계적인 예배로, 누가 오든 안 오든 집례자는 회중을 향해 등을 돌리고 음악도 없이 회중이 이해하지 못하는 라틴어로 진행했다. 성찬 기도라든지 감사의 기도 같이 전에 있었던 미사 전문은 사제 혼자 조용하게 낭독했으니 회중의 참여는 완전히 불필요하게 되었고 사제의 행위만이 헌신과 존경의 모습을 가지게 됐다.

사람들은 점차로 미사를 읽거나 읽히도록 함으로써 미사가 교회의 "은혜의 수단"임을 활용하게 되었고, 또 미사가 개인과 죽은 자의 구원을 위한 것이라고 확신했다. 이러한 생각들은 점차 퍼졌고, 소미사는 이러한 경향과 함께 유행하게 됐다.

많은 수도원과 큰 교회들의 부유한 기부자들은 작은 예배당(chapel)이나 개인 예배당(chantry)을 헌납하여 거기에서 사제들이 매일 기부자들의 영혼을 위해 찬양하면서 미사를 읽도록 했다.

큰 교회와 대성당(cathedral)이 많은 수의 부속 예배당(side chapel)을 가지는 일은 흔한 일이 됐다. 부속 예배당도 자체의 제단(altar)을 가지고 있었으므로 같은 교회에서 같은 시간에 많은 미사가 읽힐 수 있었다. 단순히 읽는 미사가 그 자체로 의로운 행위라는 믿음이 또 다른 요소로서 작용하여 미사의 확산에 이바지하였고, 그 결과로 하나의 통일된 일요일 미사가 매일 미사로 확산되고 분열되는 일이 점점 많아졌다.

소미사는 평균적인 회중이 이해할 수 없는 언어로 진행되었고 '봉헌 행렬'(offertory procession)이나 설교, 회중음악은 없었다. 그래서 미사는 주로 기계적이며 사제적이고 개인적인 활동으로, 회중은 참여하지 않고 그저 구경만 하고 사제가 읽어버리는 것이라는 증가하는 대중적 인식이 강화됐다.

초기 예전에서의 정점이었던 봉헌 행렬은 미사에서 점차로 퇴출당했다. 원래 봉헌은 회중의 헌신에 대한 아름다운 상징이었으며 하나님 앞에 그들이 가지고 온 선물이었다. 회중이 빵과 포도주 및 다른 음식들이나 기름, 밀납(wax) 등을 가져와 제단에 바치는 것은 교회의 오랜 전통이었다.

이러한 선물들은 교역자들을 지원했고, 성찬을 위해 사용되었으며, 회중 중 구제받을 이들을 원조했다. 또한, 회중과 회중이 가지고 온 선물이 성찬의 필수 요소라는 사실을 예식적인 방법에서 분명히 해 줬다. 그의 교회에서 회중이 봉헌할 때 어거스틴은 이렇게 말했다.

> 단지 당신의 선물만 제단 위에 두는 게 아니라, 당신 자신을 거기에 두십시오.

소미사에서는 종종 사제만이 봉헌했다. 실상은 아무것도 봉헌되지 않은 것이다. 봉헌시간은 점차로 회중이 빵과 포도주를 드리는 시간이 아니라 사제가 빵과 포도주를 준비하는 시간으로 변했다.

영지주의와의 초기 논쟁을 거치면서 봉헌 시간의 중요성이 더 부각됐다. 이는 봉헌이 물질을 하나님께 바침으로 창조의 아름다움을 강조하는 시간이었기 때문이다.

하지만 이제 미사는 교회와 거기에 속한 사제를 통해 회중에게 주시는 하나님의 신비롭고 거룩한 선물이지, 회중이 하나님께 드리는 무엇이 아니었다. 봉헌행렬의 경시와 함께 미사의 성직자 중심화(clericalization)가 완성됐다.

미사 전문 중 사제가 산 자들을 위해 하는 기도에서 "당신에게 바치는 당신의 종을 기억하소서"는 "우리가 바친 것을 당신에게 드리는 당신의 종을 기억하소서"가 되어 버렸다. 미사는 이제 회중의 적극적인 참여와 봉헌, 성찬 교제 등이 불필요하게 된 사제들의 행위로 여겨졌다.

2. 화체설

교회는 항상 성찬을 행할 때마다 그리스도께서 여기 계신다고 믿어왔다. 교회는 단순하게 그리스도의 약속과 그분의 임재에 대한 경험에 의지하여 그분의 임재를 확신했는데, 언제 어떤 방식으로 어디에 그리스도께서 성찬에 임재하시는가에 대한 생각은 하지 않았다.

4세기가 시작되면서 언제 그리스도께서 임재하신지에 대한 관심이 증가했고, 이러한 관심은 '축성의 순간'(the moment of consecration)에 대한 생각으로 이어졌다.

우리가 3장에서 보았듯이 히폴리투스가 기록한 초기 성찬 기도에는 감사가 넘쳤고 그리스도의 완전한 구원 사역과 그분의 말씀을 기억함이 가득했다.

하지만 중세로 넘어오면서 성찬 기도의 본질적 요소는 복잡해졌고 부차적인 난해한 요소들로 채워졌다. 그리스도 안에서 행하신 하나님의 완전한 구원 사역에 대한 선포로서의 성찬 기도의 의미는 이제 퇴색해졌다. 그보다는 간청의 성격이 강해졌고 성찬상 앞에서 그저 반복적으로 낭독되어, 예식 가운데 무언가를 기대하는 문구가 됐다.

이러한 강조가 초기 성찬에서 전혀 없었던 것은 아니지만, 중세시대에 이르러 '축성의 순간'이라는 정의와 함께 비로소 강조됐다. 그리스도의 임재가 특별히 실제로 느껴질 때, 미사 전문이 정점에 다다랐을 때, 사제가 "이것이 나의 몸이다"(*Hoc est corpus meum*)라고 반복해서 말할 때, 그때가 바로 그 축성의 순간으로 정의되기 시작했다. 몇 마디 핵심적인 말을 사제가 반복하여 성찬의 빵과 포도주를 신비한 실재로 제조함으로 미사 전문이 가지는 중요성을 감소시키는 결과를 낳게 됐다.

이렇게 중요성을 가지게 된 제정의 말씀으로 인해 교회는 사제를 회중 예배의 집례자가 아닌 미사의 제조자(confector) 이미지를 강화시켰다. 또한, 다락방 강설을 중요시하면서 미사를 정의할 때 그리스도의 고난과 십자가 죽음만을 강조했다.

언제 그리스도께서 임재 하시는가의 논의가 끝난 후, 9세기까지 서방교회는 **어떻게** 그리스도께서 빵과 포도주에 임재 하시는가에 대해 생각했다.

대략 A.D. 831년 파스카시우스 라드베르투스(Paschasius Radbertus, 785-865)라는 이름의 수도사는 그리스도께서 빵과 포도주의 기적적인 변형을 통해 미사에 임재하신다고 제안했다. 빵의 외형은 변하지 않지만 빵의 본질은 그리스도의 몸의 실체(substance)로 변한다는 것이다.

그의 동료였던 라트람누스(Ratramnus, 800-868)는 축성의 순간 기적적인 변화를 일으킨다는 라드베르투스의 생각에 반대하여 오랜 시간 논쟁을 하게 된다. 하지만 라드베르투스가 승리했다. 점차로 이 견해는 화체설 교리(Transubstantiation)로 불리게 되었고, 1215년 제4차 라테란공의회에서 교의(*dogma*)로 인정됐다.

화체설 교리는 학문적 근거를 가지고 모든 것, 심지어 그리스도께서 예배에 임재 하시는 신비와 같이 불가해한 것들까지도 설명하고자 했던 중세의 기호(penchant)가 반영된 것으로 볼 수 있다.

이 교리는 중세 철학을 지배했던 실재론(realism)에 기반을 두는데, 실재론에서는 실재(reality)를 두 가지로 구분한다. 실재의 실제 요소이자 실재의 재료인 우주적 "이상"(Idea)에 참여하는 '실체'(substances)와 크기, 모양, 무게, 색깔같이 우리가 사물을 인지하는 특성인 '고유성'(accident)이 그것이다.

고유성은 실체와 연결되어 있지만, 사물들의 본질은 아니다. 화체설이 말하는 바는 빵의 실체가 변화되어 그리스도의 몸의 실체로 그 '실체가 변화'(transubstantiate)된다는 것이다.

빵의 '고유성'이 빵의 외형을 만들어 우리의 감각으로 그것을 인지하게 하지만, 그 본질은 기적적으로 변한다. 따라서 화체설은 맹신이나 단세포적 개념에서가 아니라, 당대를 지배적인 철학 용어를 사용하여 그리스도의 실재적 임재를 설명하고자 했던 고매한(sophisticated) 철학적 시도다.

하지만 이 교리의 미묘함(subtlety)과 고매함은 또한 교리의 문제점 중 하나였다. 신자 중 덜 고매한 이들은 "빵이 그리스도의 몸이 된다"라는 진술에서 걸렸는데, 아마도 사제의 말에 의해 빵이 변한다는 다소 당혹스럽기까지 한 마술적 과정 때문이었을 것이다.

후에 종교개혁가들은 이 교리에서 가장 문제가 되는 부분을 교회가 역사적으로 고수해 온, 그리스도의 위격이 그분의 인성과 신성을 연합시킨다는 믿음과 충돌된다는 점으로 보았다.

화체설에 따르면 그리스도의 인성과 신성의 실체는 모두 축성된 빵과 포도주에 임재해야 한다. 빵과 포도주가 실체적 변화를 통해 그리스도의 실제 몸과 피가 된다는 사실을 의심했다는 이유로, 1059년 투르의 베렝가(Beranger of Tours, 약 999-1088)라는 사제는 성찬 참여자들은 미사에서 그리스도의 몸을 만지며 "그들의 이빨로 그리스도의 몸을 씹는다"라는 문서에 서명하도록 강요받았다.

1215년 화체설이 굳건하게 재가를 받음으로 기독교 예배에 해로운 영향을 주게 된다. 이 교리는 성찬을 더욱더 엄숙하고 두려움을 가진 채 받도록 만들었다. 중세를 지나면서 회중은 더 이상 잔을 받지 못하게 됐다. 이제 일반 회중은 앞으로 나와 오직 빵만을 받을 수 있게 됐다.

빵 자체에도 변화가 있었다. 몇 가지 믿을 만한 근거를 가지고, 초대교회 성찬에서는 보통의 발효된 빵이 사용되었을 것으로 생각한다. 그런데 후에 가서 미사가 더욱 신비롭고 거룩해지면서, 또 유대인의 유월절에 가깝게 보다 배타적으로 정의되면서 '특별한' 발효되지 않은 빵을 만들어 사용했다.

기독교 사제가 구약 레위기적 사제에 가깝게 정의되면서 10세기와 11세기에는 레위기에서 규정된 제례의 빵이 다시 등장했다(레 2:1-16; 6:14-23). 평범한 식탁의 빵, 사람들이 먹는 빵은 미사에서 사용할 수 없었다. 제사장적인 '거룩한' 빵이 요청됐다. 빵은 더 이상 일상에서의 거룩함을 상징하는 그 무엇이 아니었다. 순백의 전병(wafer)이었는데, 순결하고 정결한 제사장적 제물의 상징으로 거룩한 자들이 구웠다.

이렇듯 추앙과 경외의 분위기였으므로 미사에서 앞에 나와 성찬을 받는 일반 회중의 수가 줄어들었던 것도 이해가 된다. 일반 회중의 성찬 참여 감소는 15세기부터 시작되었는데, 화체설과 그 교리와 연관되어 퍼져있던 생각들이 일반 회중을 이 거대한 신비 앞으로 다가오는데 꺼려지게 했다.

화체설을 공포했던 라테란공의회에서 또한 모든 그리스도인은 최소 일 년에 한 번 이상 성찬을 받도록 공포했다. 하지만 성찬을 받지 않는 미사 참여는 20세기 초반 비오 10세(Pius X)의 개혁 이전까지 로마 가톨릭의 규범으로 남아있었다.

물론, 미사에 참여했던 사람들의 예배가 불가능했다고 말하는 것이 옳지는 않다.

사람들은 그들의 기도로 기도했고 성례에 임재하시는 그리스도를 경배했다. 그리스도의 위격에 대한 강한 헌신, 그리스도의 고난에 지속적으로 동참함과 성찬에 대한 흠모가 후기 중세 경건의 핵심이었다. 경배하기 위해 무릎을 꿇는 것(genuflection), 묵주(rosary), 개인 예식서가 예배 중 일반 회중의 활동을 위해 고안됐다.

그러나, 이는 개인적, 사적, 주관적, 개별화된 활동으로, 미사 자체에서 오는 말씀 및 행동과 연계된 공동체적 활동이 아니었다. 보통의 신실한 그리스도인들은 미사 외의 헌신을 경건의 중심으로 삼았다.

미사에서는 종이 울리면서 진행되는 사제가 빵을 높이 들어 올리는 '성체거양'(the elevation of the host)이라는 행위가 공적인 헌신의 중심이었다. 미사는 그리스도의 백성들이 그분과 교제하는 것이 아닌 그분을 숭상할 수 있도록 그리스도의 실제적 임재를 이끌어내는 활동으로 여겨졌다.

지금은 경건의 중요한 요소로 여겨지지만 당시 성인 숭배는 일요일 예배와 교회력을 복잡하게 만든 요인 중 하나였고, 일요일 예배 외에 해야했던 새로운 종류의 헌신 중 하나가 됐다.

성인 숭배가 유행하게 된 데에는, 우리가 앞 장에서 보았던 대로 4세기 기독론 논쟁에서부터 시작된 그리스도와 그리스도인들 사이의 관계가 점차로 멀어지고 있었던 배경이 있었을 것이다.

마리아에 대한 계속된 숭배는 차치하고라도 점차 증가하는 성인 숭배가 예배에 들어옴으로써 예전의 중심을 모호하게 만들어 버렸고, 공동의 예배를 각자가 좋아하는 성인이나 마리아를 기념하는 음악들로 해체했다. 가끔 성인의 날이 일요일이 될 때는 그리스도를 향한 성례보다 성인에 대한 기념이 일요일 예배를 뒤덮었다.

한때는 예전의 중심을 부활절로 두었던 교회력은 이제 온갖 성인들의 기념일로 지저분해졌고, 대속의 은혜를 중심에 두고 정연하게 펼쳐졌던 예전은 다양한 교리를 위한 축하로 가득하게 됐다.

3. 세례

이제 서방교회에는 유아 세례가 보편화됐다. 예식을 시작할 때 유아의 가슴과 이마에 십자가를 긋고 소금을 입에 댄 후 집례자의 손을 유아의 머리에 얹는다. 이것이 우리가 3장에서 보았던, 한때는 길었던 예비세례자의 준비 과정 중 아직 남아있는 전부였다.

이제 세례 예식은 온갖 이미지들과 상징적 행위들, 기름 부음, 기도들로 아주 복잡하고 다소 산만해졌다. 물에 대한 성경의 많은 이미지를 연상시키고 물을 축성(consecrating)하는 호화로운 축복이 세례조에서 이루어졌다.

한때는 사제가 세례를 받은 자라 할지라도 세례수를 만지게 되면 재세례를 받는 것과 같다고 말하기도 했었는데, 이제는 그것이 세례 문서에 포함됐다. 미사에 사용되는 요소에 대한 대상화(objectification)가 비슷한 방식으로 물이라는 요소에도 적용되었는데, 물을 관리하기 위한 교회의 총체적 활동과 물에 대한 세례자의 응답 외에도 세례수의 능력에 대한 거의 마술적인 대상화가 이루어졌다.

세례를 받지 못한 채 죽은 유아들이 머무는 장소인 고성소(*limbo*)에 대한 두려움 때문에 세례 교육보다 세례 자체가 중시되었으며 부활절 철야와의 연계성은 잃어버렸다.

사제들은 세례 받지 못한 유아들의 죽음이 임박했을 경우 어떻게 그들에게 긴급 세례를 줄 수 있는지를 가르쳐야만 했다. 넓고 다양한 세례의 옛 이미지들이 지금은 원죄의 더러움에서부터 씻어준다는 하나의 중심적인 이미지로 덮였다.

세례는 이제 더 이상 회개, 신앙고백, 성령 하나님의 선물, 죽음과 부활, 거룩한 공동체로의 편입 등을 위한 시간이 아니었다. 이제 단지 개인의 죄를 털어내어 자신의 영혼이 영원히 적합해지도록 만드는 시간일 뿐이었다.

대부모(Godparents)는 세례받은 아이들에게 사도신경, 성모송(Ave Maria), 주 기도, 기도 무릎 꿇는 방법을 가르쳐야 했고, 7마일(약 11km) 이내에 감독이 가는 즉시 그들이 견진성사를 받을 수 있는지 확인해야 했다.

견진성사는 원래 이른 청소년기에 받는 세례 얼마 후 시행되었으나, 이제 완전히 분리된 예식이 되었고, '일곱 영'(sevenfold Spirit)[1]의 선물을 받기 위한 안수 기도가 포함됐다. 이 예식의 발전은 한때 통합되었던 기독교 입교 예식의 최종적인 결별을 의미하였고 성령 하나님이라는 선물을 세례 예식으로부터 분리했다. 중세신학자들은 이 예식을 설명하기 위해 애썼다.

아퀴나스는 견진성사를 청소년기를 지나면서 맞이하게 되는 "영적 전쟁을 위해 젊은 그리스도인을 강화함"으로 보았다.

견진성사라는 이 새로운 예식은 유아 세례와 미사를 에워싼 새로운 종류의 경건심을 줬다. 하지만 최초로 받게 되는 성찬을 세례에서부터 분리했다. 16세기에는 세례를 받은 유아들을 종종 성찬에 데리고 왔으나, 13세기에는 견진성사 전에는 성찬에 오는 것을 금지하도록 공표했다.

'견진성사'는 '신중함의 시대'(age of discretion)와 이렇게 연결됐다. 이렇게 된 배경에는 미사의 신비에 대한 새로운 복잡다단함이 있었다. 요컨대, 세례받은 아이들은 그들이 "빵을 그리스도의 몸으로 인식"하기에 충분한 나이가 될 때까지 성찬을 받지 못한다는 것이다.

견진성사와 함께 유아 세례가 집례 되므로 성령 하나님의 선

---

[1] 사 11:2 "그의 위에 여호와의 영 곧 지혜와 총명의 영이요 모략과 재능의 영이요 지식과 여호와를 경외하는 영이 강림하시리니"를 근거로 성령 하나님을 '일곱 영'이라고 불렀다 –역주.

물로부터 세례를 분리하고 세례 교육의 종말을 가져왔을 뿐 아니라 주님의 만찬에 참여하는 허가로서의 세례의 의미도 사라지게 됐다. 이제 세례는 더이상 기독교 입교의 도드라진 부분이 아니었다. 원죄를 씻어낸다는 의미를 제외하면 세례를 통해서 실제로 무엇이 이루어지는지와 기독 공동체와의 관계 가운데 각 그리스도인에게 어떤 의미를 주는지가 불분명해졌다.

미사와 마찬가지로 세례는 개인적인 체험이 됐다. 대부분 세례 예식에 부모와 대부모를 제외하고는 아무도 참석하지 않았기에, 이 예식은 이제 한 명의 그리스도인이 되는 첫 발걸음을 공동체가 보지 못하게 만들었다.

세례는 변혁하는 신앙 공동체로의 출발이 아닌 사회 전체적 의미에서의 출생을 축하하는 예식에 지나지 않게 됐다. 달리 표현하면, 중세 기독교 입교 예식의 분열은 곧 미사에서의 기독 공동체의 분열과 유사하게 이루어졌다.

교회와 세상 간의 오래된 갈등을 잃어버린 후 교회는 예배 생활의 중심을 이제 그 자신과의 갈등에 두었다. 자기 성찰(introspection)과 개인주의가 증가하는 당시의 흐름은 주관적인 효과로 평가되었던 객관화된 예배 행위로 인해 강화됐다.

그리스도 사역의 중요성을 그리스도의 수난에만 집중하여 강조했던 경향은 그리스도 사역의 주된 목적을 거의 배타적으로 개인의 죄 사함으로 보는 견해에 의해 완전하게 됐다. 개인의 죄에 대한 집착, 미사와 세례를 개인의 죄를 용서하는 수단으로 강조함, 그리스도인의 삶이란 대부분 죄를 뿌리 뽑는 것이라는 인식이 당시의 예전을 대표한다.

  예전은 한때 활기찼고, 숭고한 표현들로 인해 아름다웠으나, 이제는 신앙을 충족시키기에는 분명한 한계가 있었고 모든 하나님의 백성들의 사역이라고 표현하기에는 비참하리만큼 부족했다. 개혁이 필요했다. 그리고 그 개혁이 이제 곧 오게 된다.

제6장

개혁과 그에 대한 반응: 16세기

Reformation and Reaction:
The Sixteenth Century

Pulpit from Isle of Wight

1517년 만성절(All Saints Day)을 하루 앞둔 날, 마틴 루터(Martin Luther, 1483-1546)라는 이름의 어거스티니안 수도승은 그가 쓴 95개 논제를 비텐베르크성교회(Wittenberg Castle Church) 문에 게재했다. 루터는 교회의 교사(doctor ecclesiae)로서 잘못된 교리로부터 교회를 보호하겠다고 서약했었는데, 논제들을 문에 걸면서 그 직분을 수행한 것이다.

논제들에서 루터는 중세 속죄신학에서부터 생겨난 면벌부(in-dulgence) 판매를 우선 겨냥하여 사격을 개시했다. 교회는 개혁하든지, 해체되든지, 반응해야 했다. 폭풍이 몰아쳤다.

하지만 루터가 예배에 대한 개혁을 단행한 것은 그로부터 거의 6년이 지난 후였다. 그의 주된 관심은 교리였다. 그는 교회와 그 사역에 대한 중세의 스콜라적 이해에 대항하여 성경의 절대성과 이신칭의 교리, 만인이 제사장임을 주장했다. 그의 동료 종교개혁가들과 마찬가지로 루터도 교회의 교리와 조직(polity)의 개혁을 우선적으로 추구하였으며, 이런 핵심 주제들과 관련됐다는 점에서 예배에 대해서는 부차적인 관심만 있었다. 신앙과 교리 문제에 대한 종교개혁가들의 창의력과 민감함이 예배 개혁가로서의 그들의 능력보다 훨씬 더 중요했다.

예배 영역에 대한 이러한 창의력의 결핍은 몇 가지로 그 원인을 찾아볼 수 있다.

첫째, 모든 종교개혁가는 루터의 오직 성경(*sola scriptura*)의 원리를 믿었는데, 이는 현재의 제도나 과거의 전통이 성경의 권위를 인정하든지 하지 않든지 성경이 최고의 권위를 지닌다는 믿음이다.

하지만 우리가 이미 보았듯이 신약성경은 예전 형식에 대해 상세한 기술을 제공해 주지는 않는다. 성경 자체만을 기반으로 삼은 예전 개정은 위험한 사고다.

둘째, 종교개혁가들이 가지고 있었던 초대교회 예배에 대한 구체적인 자료가 부족했기 때문에 교회가 처음 시행했던 형식을 따르는 예배를 재현하려는 시도는 실패로 끝날 수밖에 없었다. 중세의 라틴 예전이 그들이 알고 있는 예배의 유일한 형태였다.

이것이 초기의 순수했던 예전 사용을 복원하고자 했던 그들의 노력에 역사적 오류를 만들게 됐다.

셋째, 의아하게도, 아주 급진적인 개정을 포함한 그들의 예배 개혁에서 종교개혁가들은 종종 중세의 잘못을 근본적으로 수정하기보다는 중세 예배의 한계적 요소들을 강조했다.

기독교 공동체의 공동 예배에 대한 그들의 부족한 관심, 예배에서 교역자의 역할에 대한 강조, 개인의 죄에 대한 강조, 그리스도 이야기의 중심에는 그리스도의 수난이 있다는 그들의 집착으로 인해 종교개혁가들은 그들이 흠모했으나 모방하지는 못했던 초대교회 선조들이 아닌 중세교회 전임자들에 더 가까웠다.

1. 루터교의 개혁

예전 개혁에서 종교개혁의 도드라진 약점이기도 했지만, 동시에 진정한 강점은 마틴 루터가 단행한 다소 보수적이었던 세례와 성찬에 대한 개혁에서 볼 수 있다.

루터는 성례가 하나님의 은혜의 수단이라는 사실을 의심한 적이 없다. 오히려 그는 미사가 화목 제사(propitiatory sacrifice)라는 생각에 반대했는데, 그의 생각에 이것이 잘못된 종교와 거짓 경건을 양산해 내었기 때문이다. 그의 주된 공격은 당시 유행했던 것처럼 제단에서 그리스도의 희생을 매일 재현하는 것으로 미사를 오해한 당대의 제도적인 예배신학이 아니었다.

루터는 미사를 하나님을 향한 인간의 선물(sacrificium)로 보지 않고 인간을 향한 하나님의 선물(testamentum)임을 강조했다. 루터는 미사를 우리의 선행(opus bonum)으로 여기는 일은 그리스도 안에서 하나님의 은혜의 행위인 미사를 우리의 행위로 바꾼다는 점에서 우상 숭배와 같다고 보았다. 우리는 선행이 아닌 은혜로 말미암아 구원받았는데, 예배에서 행하는 선행도 우리를 구원할 수 없다.

그리스도인들은 예배 중 제단에서 자기 자신과 더불어 "찬양과 감사의 제사"를 하나님께 드리지만 그들은 모두를 위해 단번에 행하신 그리스도의 희생에 무언가를 더하거나 그것을 반복할 수 없고, 제단에 자신들이 가져온 선물을 드림으로 어떤 유익을 얻어낼 수 없다.

다른 종교개혁가들과 마찬가지로 루터도 후기 중세신학을 계승하면서, 그리스도의 희생을 그분의 전 생애와 사역이 아닌, 우선적으로 그분의 속죄와 구속의 십자가 죽음과 결부시켰다. 수난과 십자가로 이어지는 중세신학의 오래된 강조가 루터에게서도 이어졌다.

그리스도의 십자가 사역은 단번에 화해를 이루지만, 화해를 얻은 자들은 지속적으로 반응한다. 성찬이 바로 거룩한 선물에 대한 인간 편에서의 **반응**이다. 우리는 우리가 드리는 것보다 더 많은 것을 성찬을 통해 받는다.

이러한 신학적 입장 때문에 루터가 미사를 개혁하려고 했을 때 그는 미사가 제사라는 어떤 제안도 제거해야만 했다. 처음에 루터는 그가 말한 대로 "약한 형제들 때문에" 예전에 간섭하는 것을 꺼렸었다. 그는 먼저 성경을 읽고 설교하여 사람들이 더욱 의미 있는 일요일 미사에 참여하도록 교육하는 주중 예배의 발전을 지지하며 도왔다.

하지만 1523년 그의 제자였던 안드레아스 칼슈타트(Andreas Carlstadt, 1486-1541)가 미사에 대한 급진적 개혁을 진행하자, 그의 표현을 빌리면 "무식하고 별생각 없는 혁신가들"이 종교개혁을 취하지 못하도록 예배 개혁에 대한 자기 생각을 출판할 수밖에 없었다. 그렇게 나온 것이 『**미사전례**』(*Formula Missal*)였는데, 미사에 대한 보수적인 개정을 담고 있었다. 라틴어와 예복, 예식들은 대부분 유지됐다.

그의 개정은 주로 삭제를 통해 이루어졌다. 제사로서의 성찬, 공로사상, 화체설은 잘못된 교리라는 그의 믿음을 논증하기 위해 루터는 봉헌을 없앴다. 봉헌이 희생 제사의 전주곡이라는 생각을 없애기 위해서인데, 대신 빵과 포도주를 신경(Creed)을 노래할 때 준비하도록 했다.

또한, 그는 빵을 쪼개는 상징적 행위에 부가되어 왔던 풍유적 해석에 반대하여 그 행위 자체를 없앴다. 이는 극단적인 삭제였는데, 왜냐하면 아주 초기부터 빵을 쪼갬은 성찬의 주요 부분이었으며 명백히 성경적 중요성을 가지고 있는 행위였기 때문이다.

하지만 의아하게도 그는 자기 일부 동료 개혁가들이 극렬히 반대했던 성체거양(the elevation), 즉 감사 찬양(Santus)을 부를 때 빵을 높이 드는 행위는 그대로 두었다. 루터가 성체거양을 그대로 둔 이유는 이것이 미사에서 일반 회중이 참여할 수 있는 유일한 시간이었기 때문이다.

루터는 또한 성체거양이 성찬의 요소에 그리스도께서 임재하시는 상징적 증거로 보았다. 그는 화체설은 부인하였지만, 그리스도의 '편재성'(ubiquity), 즉 그리스도께서는 모든 곳과 모든 시간에 계시지만 성찬의 빵과 포도주에 그분의 모든 본성이 진실로, 실제로 그리고 특별히 계심을 강조했다.

편재성은 화체설을 지지하지 않으면서도 성찬에 그리스도께서 실제로 임재하심을 확신하는 루터의 방식이었다. 성찬에서의 그리스도의 임재는 실재이지만, 루터는 임재의 본성을 정확히 정의하려는 스콜라적인 시도는 피했다. 칼빈이 그러했듯이 루터 역시 임재의 최종적 본성은 오직 하나님만이 아시는 데에 만족했다.

다른 점에서는 보수적이었던 루터의 『미사전례』에 나타난 가장 급진적인 변화는 미사 전문을 제정의 말씀으로 간소화시킨 것이었다. 제정의 말씀에 초점을 둔 것은 루터의 오직 성경 원리에 대한 그의 강조와 일치한다. 성경과 언약은 성찬이 사람들의 행위가 아닌 하나님의 약속으로서의 "새 언약의 잔"이라고 명백히 말하고 있기 때문이다.

하지만 미사의 중심 되는 기도에 대한 이 급진적인 개정에 있어 루터는 중세신학에 반대한 만큼 그것들과 함께하기도 했다. '축성의 순간'에 대한 오래된 논쟁은 마침내 미사의 정점인 제정의 말씀으로 결정된 것이다.

아퀴나스는 심지어 아무것도 없어도 말씀만 반복된다면 미사는 가치 있다고 하였는데, 마찬가지로 루터도 말씀을 제외한 모든 것을 미사에서 없앴기에 중세부터 이어졌던 그리스도의 중심 사역으로서의 대속과 죄 사함에 대한 강조는 지속되었을 뿐 아니라 오히려 강화됐다.

그리스도의 말씀이 고립되고 이 말씀들의 낭독을 위한 성찬 기도의 제한이 이후 모든 루터란 예전의 도드라진 특징이 됐다. 분명 급진적인 변화였지만, 사실 중세시대를 관통하며 진행됐던 발전의 결론을 가져온 것이기도 했다.

이런 상황에서 『미사전례』에서 루터가 처음 하고자 했던 예전의 개정 작업은 이미 독일 전역을 휩쓸고 있는 개혁 운동에 따르는 예배의 필요를 채우지 못했다. 미사는 여전히 라틴어로 집례되었고 많은 부분에 있어서 너무나도 보수적이었다.

1526년 루터는 『독일미사』(*Deutsche Messe*)를 내놓았다. 학식이 없는 이들을 위한 일종의 대중 미사(folk mass)였는데 독일어로 되어 있었다. 『**독일미사**』에서도 루터는 삭제를 통해 개혁하는 그의 원칙을 고수했다. 대영광송(*Gloria in Excelsis*)을 삭제하고 성찬시 낭독했던 키네아 신조를 없애는 대신 세례식을 위한 사도신경으로 대체했다.

예배 개혁과 회중 참여에 있어 루터의 가장 창조적인 공헌은 그의 유명한 독일어 찬양들을 예배에 사용함으로 성찬에 회중 음악을 회복시켜 개신교 예배의 아주 중요한 특징이 될 부분에 공헌한 점이었다.

미사 전문을 예수님의 제정의 말씀으로 간소화시킴으로, 루터는 성찬 기도를 획기적으로 줄였고 이 기도와 연관된 모든 전통적인 요소들을 제거했다. 또한, 그의 예전은 오래된 시적 이미지들을 버리고, 회중에게 바른 교훈을 주고자 끊임없는 가르침으로 의식을 고취하는 교육적, 훈계적 성격을 띠었다.

예배에서 전통적으로 이어져 오던 많은 부분을 삭제하였기에, 설교가 일요일 예배에서 아주 현저한 위치를 지키게 되었을 뿐 아니라 예배를 지배하게 됐다. 대부분 개신교 예배의 중심은 설교가 되었고, 설교가 곧 예배의 정점이었다. 성찬은 설교를 위해 존재하게 되었고, 실상 부록처럼 취급됐다.

루터는 성찬을 받는 것의 중요성을 강조하여 원칙적으로는 가능하면 모든 회중이 성찬에서 빵과 포도주 모두를 받아야 한다고 했다. 여기서 우리가 기억해야 하는 사실은 거의 천 년 동안 서방 교회의 회중들은 드물게 성찬을 받았다는 점이다.

성찬을 받지 않던 중세의 전통을 거스르기 힘들었다는 점이 루터의 추종자들에게 문제였다. 루터의 소원은 회중들이 가지는 한계에 따라 조정되어야만 했다. 그는 성찬을 받기 원하는 이들은 예배 전에 목사에게 그것을 알리라고 지시했다. 만약 아무도 원하는 자가 없으면 목사는 기본적으로 성찬 전의 순서들인 기도, 성경 봉독, 찬송, 설교로 이루어진 말씀의 예배를 진행했다. 불행하게도, 이 단촐한 예배가 대부분의 루터 교회의 표준이 됐다.

이는 많은 개신교 교회들에도 마찬가지였는데 주님의 만찬에 더욱 자주 참여함을 회복하고자 했던 루터의 시도를 가로막았던 것과 같은 이유 때문이었다.

『미사전례』의 출판과 같은 해에 루터는 아주 축약적인 세례 예식을 발표했다. 그는 중세에 있었던 물에 대한 축복을 제거한 대신 '홍수 기도'(Flood Prayer)를 추가했는데, 이 기도에서 그는 홍수와 출애굽을 세례의 전형으로 보았을 뿐 아니라 죽음과 부활로서의 세례를 다시 강조했다.

> 전능하시고 영원하신 하나님, 당신은 정의로우시므로 부정한 세상을 물로 파괴하셨고, 당신은 자비로우시므로 신실한 노아와 그의 여덟 가족을 구원하셨으며, 강퍅한 바로와 그의 군대를 홍해에 잠기게 하셨고, 그 홍해를 통해 당신의 백성 이스라엘을 인도하셨습니다. 이를 통해 당신은 거룩한 세례의 씻음이 무엇인지 보여 주셨습니다. 그리고 당신의 아드님 우리 주

예수 그리스도의 세례를 통해 요단강과 구원의 홍수 및 죄를 씻기에 풍성한 모든 물을 정결케 하셨습니다. 당신의 무한하신 자비에 호소하여 우리는 간구합니다.

이 OO(세례받는 이)를 자비롭게 보아 주시고, 성령님 안에서 진실한 믿음으로 그를 축복해 주옵소서. 그래서 아담에게서 난 모든 것들이 이 유익한 세례반(laver)을 통해 물속에 잠기게 하시고 불경한 자들로부터 구별되어 하나님 나라의 거룩한 언약궤 안에서 안전하게 보전되게 하옵소서. 그리고 성령님 안에서의 열정과 소망을 통한 기쁨으로 당신의 이름을 섬겨 모든 신자와 함께 영생을 얻게 하옵소서. 예수 그리스도의 이름으로 기도합니다. 아멘.[1]

1526년 루터는 그의 『독일미사』를 완성하였는데, 거기에는 기름을 사용하거나 세례 초를 선물로 주는 등의 거의 모든 세례 순서들을 없앤 간결한 세례 예식이 담겨 있었다. 유아 세례와 물의 사용에 대해서도 다루었다. 다른 모든 종교개혁가와 마찬가지로 루터파도 세례받지 못한 유아들의 영벌(damnation)이나 그와 관련

---

[1] Marion J. Hatchett, *Sanctifying Life, Time and Space: An Introduction to Liturgical Study* (New York: A Crossroad Book, imprint of The Seabury Press, Inc., 1976), 100. From *Sanctifying Life, Time and Space: An Introduction to Liturgical Study* by Marion J. Hatchett, copyright © 1976 by The Seabury Press, Inc. 출판사의 허락을 받고 재인쇄함.

하여 평신도가 세례를 주는 것을 거부했었다. 사적으로 주는 세례는 아주 예외적인 경우에만 허락됐다.

이러한 변화가 세례에 있었던 개인의 원죄에 대한 문제나 영벌에 대한 걱정들을 제거하고, 그것을 다시 회중의 상황에서 설정하도록 하는 데 도움이 되긴 하였지만, 근원적인 문제는 남아 있었으니, 곧 유아 세례의 문제였다. 단순히 말하면, 주요 종교개혁가들은 유아 세례의 문제에 의구심을 제기한 적이 없었는데, 역사적으로 교회가 항상 그 예식을 시행해왔다고 여겼기 때문이다. 신학적인 면에서도 유아 세례는 종교개혁가들의 믿음이었던 "이신칭의"를 그려주는 생생한 상징이었다.

유아 세례가 문제가 되었던 이유 중 하나는 종교개혁가들이 유아 성찬을 회복시키지 않았기 때문이다. 루터는 견진성사는 하나님이 모르시는 것이기에 "미신적"일 뿐 아니라 세례 시에 이미 받은 것 외에는 아무것도 더해지지 않는다는 이유로 거부하였지만, 세례받은 유아들이 성찬을 연기하는 것은 그대로 유지했다.

종교개혁가들의 전형적인 교육적, 훈계적 성격에 따라 루터는 믿음의 성례를 근본적으로 설명해 주는 교리문답을 고안하여 어린아이들이 성찬을 허락받기 전에 이 "교리문답"을 배우도록 했다. 하지만 성찬을 지연함으로써 세례와 성찬 참여의 분리는 지속되었고, 그 결과로 기독교 입교 예식으로서의 세례의 중요성이 모호해진 채 계속됐다.

한결같이 종교개혁가들은 유아 세례를 위해서는 사실상 유아 성찬의 회복이 필요하다는 사실을 보지 못했다. 루터의 개혁 못지않게 주요 개신교의 예배는 더욱 급진적이고 더욱 근본적인 취리히의 쯔빙글리라는 종교개혁가의 영향을 받게 된다.

2. 쯔빙글리

루터가 95개 논제를 게시한 지 얼마 지나지 않아 쮜리히의 사제인 훌드라이히 쯔빙글리(Huldreich Zwingli, 1484-1531)가 보다 급진적인 스위스 종교개혁을 시작했다. 쯔빙글리는 비교적 종교개혁 초기에 죽었지만(1531년), 그가 개혁교회의 기초를 놓는 데 성공했기에, 프랑스인 존 칼빈의 영향 아래 전 세계에 펼쳐진 활발한 예전이 시작될 수 있었다.

루터와는 다르게 쯔빙글리의 신학적 관점, 특히 예배에 대한 그의 견해는 대단히 급진적이었고, 전통적 기독교의 완전 반대편에 서 있었다.

대부분의 후기 종교개혁가들이 쯔빙글리의 신학을 거부하긴 했지만, 예배에 대한 그의 생각, 특별히 성례를 최소화한 것은 비(非)로마 가톨릭교회들에 어느 정도는 영향을 끼쳤다.

쯔빙글리에게 하나님은 순전하시며 초월적인 영이시다. 따라서 빵과 포도주 같은 물질적 요소들은 하나님의 은혜를 위한 도구가 될 수 없다. 쯔빙글리가 최고의 그리고 유일한 권위로 삼았던 성경은 세례와 주님의 만찬[2] 모두를 강조하지만, 쯔빙글리는 이러한 행위들은 단지 하나님이 오래전에 그리스도를 통해 우리에게 행하신 일들에 대한 '서약' 혹은 '상징'일 뿐이라 여겼다.

주님의 만찬은 하나님의 은혜와 용서를 상기시켜 주는데 용이한 일종의 '기념비'로서의 시각 자료이지, 은혜와 용서를 전해 주는 역할은 아니다. 세례와 주님의 만찬에 참여함은 그리스도에 대한 개인의 신앙을 공적으로 증언하는 시위일 뿐이다.

루터는 주님의 만찬을 '찬양과 감사의 제사'라고 믿었으나 쯔빙글리는 완전 반대 관점에 서서, 주님의 만찬이 우리의 혹은 그리스도의 제사라는 어떤 언급도 몰아내었다. 그도 어느 정도는 성찬에서의 그리스도의 임재를 확신하였으나, 루터가 말한 "편재성"에 대해서는 거부했다.

빵과 포도주 안에(in the meal)는 아니지만, 식사 자리에(at the meal) 그리스도께서 영으로 임재하실 수 있다고 말하면서도, 쯔빙글리는 그리스도의 초월성이 손상되는 것을 원치 않았다.

주님의 만찬에 대한 쯔빙글리의 극단적 견해는 불가피하게 보통의 주일 예배에서 시행하는 성찬에 조금은 거부감을 줬다. 그는 주님의 만찬은 일 년에 네 번 시행되면 된다고 보았는데, 그것도 그가 중요하게 보았던 '말씀의 예전'에 추가된 형식으로 말이다.

---

[2] 성찬(the Eucharist)이라는 말 대신 바울이 즐겨 사용했던 주님의 만찬(the Lord's Supper)이라는 말을 종교개혁가들은 많이 사용했다.

분기별 성찬은 개혁교회에서뿐 아니라 루터란, 자유교회, 영국 성공회의 많은 교회에 기준이 됐다. 쯔빙글리는 성찬을 가끔만 시행함으로 주님의 만찬의 중요성을 회복시켰다고 믿었지만, 그것을 적용한 대부분 개신교회에서 나타나는 증거들은 명백하게 그 반대였다.

말씀의 예전에서 쯔빙글리는 모든 음악과, 예복, 제단, 대부분의 회중 응답을 제거해 버렸다. 그의 예배는 루터의 그것보다도 더 교육적이었다. 회중의 임무는 설교자의 말씀을 듣고, 감화받아, 교정되는 것이었다. 말씀과 말씀에 대한 이성적인 반응에 대한 그의 강조와 이해를 돕는 시각자료로써 성례를 보는 그의 견해에서 쯔빙글리는 초대교회 전통의 회복자라기보다는 당시 시작되던 계몽주의의 사람이었다.

쯔빙글리에게 회중의 주된 응답은 신앙의 응답이었는데, 그가 말하는 신앙은 점점 더 합리적이고 주관적이며, 수동적인 의미를 지녔다. 이러한 내적 '신앙'이전에, 혹은 그 신앙을 대신하여 예배에서 하는 모든 행위는 순전히 자기 망상일 뿐이었다. 이는 예배에 대한 전환이 아니라 예배의 목적에 대한 전환이었다.

1525년 쯔빙글리의 『독일예전』 최종판은 미사 전문을 현저하게 축소해 제정의 말씀으로 대신했던 루터의 방식을 따른다. 예배를 위한 기도는 예배의 의미를 회중에게 가르치는 대단히 교훈적인 것이었다. 서신서는 언제나 최후의 만찬을 다룬 고린도전서를 읽었고, 복음서는 언제나 요한복음 6장이었다. "합당하지 않은 자"들이 성찬에 나오지 못하도록 경고하는 개혁의 실천인 '식탁의 보호'(fencing the table)를 통해 성찬에 대한 개혁의 해석을 설명하는 강한 권면으로 성찬을 시작했다.

성찬은 앉은 채로 받았는데, 이는 성찬을 성례가 아닌 교제의 식사로 느끼게 하려는 쯔빙글리의 의도였다. 평범한 나무 용기를 사용하도록 하였고, 빵과 포도주는 회중이 둘러앉아 있는 평범한 식탁 위에 놓이도록 했다. 집례자는 일상적으로 대학에서 사용되던 검정색 가운을 입어야 했다. 그리고 예배는 반드시 "어떤 일이 일어나는지 회중이 알 수 있도록 크고 분명한 소리"로 진행되어야 했다.

설교를 예배의 정점으로 높여 보는 개신교의 입장과 회중 참여의 부재 및 예전을 통한 회중의 교육과 도덕적 훈계의 강조를 통해 쯔빙글리의 영향이 지속하고 있음을 쉽게 알 수 있다.

3. 칼빈

대륙의 종교개혁의 중요한 세 번째 인물은 제네바의 존 칼빈(John Calvin, 1509-1564)이다. 칼빈은 16세기 종교개혁가들의 개신교 신학과 교회 건설에 가장 중요한 공헌을 했으나, 예전에 대해서는 많은 관심을 보이지 않았다.

인본주의에 가까웠던 쯔빙글리의 견해와는 달리 칼빈은 성례를 영광스러운 교리로 보면서 '은혜의 수단'으로서의 성례를 분명히 했다. 하지만 칼빈은 루터와는 다르게 객관적 실재론에 근거한 실재적 임재 교리는 거부했다. "이해하기보다는 경험하겠다"라고 칼빈은 말했다.

칼빈은 주님의 만찬에 그리스도께서 성령 하나님의 능력 안에서 실제로 그리고 온전히 임재하심을 믿었다. 따라서 신자는 주님의 만찬이 시행될 때 그리스도의 임재에 실제로, 그러나 "영적으로" 참여한다. 실제로 임재하시지만, 영적인 임재인 것이다. 성만찬에서의 임재에 대한 칼빈의 교리는 루터와 쯔빙글리의 중간쯤에 위치해 있다.

루터와 마찬가지로 칼빈도 주님의 만찬이 보통의 일요일 예배 형식에서 기본이 되기를 바랐다. 하지만 그가 제네바의 개혁교회에서 주님의 만찬을 매 주일 시행하려고 하였을 때 쯔빙글리의 열렬한 제자들이 그의 시도를 가로막았다.

칼빈이 스트라스부르그에 갔을 때는 쯔빙글리에 많이 기대어 있던 1530년대 그곳의 사역자였던 마틴 부처(Martin Bucer, 1491-1551)라는 저항을 만나게 된다. 부처는 루터의 사상과 쯔빙글리의 사상을 중재할 수 있는 예배를 고안해 냈다. 스트라스부르그는 성찬과 함께 하는 루터식의 일요일 예배를 따르고 있었는데, 다만 성찬은 한 달에 한 번만 시행했다.

마침내, 회중의 한계에 대한 현실 반영이었는지, 혹은 예전 개혁에 대한 강한 관심이 없었기 때문인지, 1541년 제네바로 돌아왔을 때 칼빈은 절충안에 만족해했다. 그는 매주 성찬을 제도화하기 바랐으나 제네바에서는 한 달에 한 번만 성찬이 시행됐다. 다른 일요일에는 시편 운율에 맞춘 찬송과 함께 좀 더 긴 설교가 진행됐다.

칼빈주의자들의 예배는 엄격한 지성주의, 교육주의, 장황한 언설들과 함께 회중의 적은 참여로 굳어지게 됐다. 성찬을 받을 때는 쯔빙글리 주의자들이 했듯이 회중석에 앉아서 받는 것은 아니었고, 식탁 주위에 앉거나 선 채로 받았다. 개혁교회는 공통되게 무릎을 꿇은 채 성찬을 받는 것을 좋아하지 않아 거부했는데, 성직자주의에 대한 함의 때문이었다.

칼빈의 세례신학은 루터의 그것만큼이나 강했다. 그의 세례 예식은 추가보다는 삭제로 그 성격을 말할 수 있었다는 점에서 루터의 것과 비슷했다. 그렇게 함으로써 칼빈주의 언약신학과 자연스럽게 짝을 이루며 하나님의 은혜 언약을 받는 세례 예식을 강조했다.

4. 유럽의 자유교회

루터교회나 개혁교회 모두 중세 예전의 형식과 내용에 대한 염려는 있었지만, 예전의 가치 자체를 의심한 적은 없다. 종교개혁가들은 다양성과 수용성을 기독교 예배에 재도입하긴 했으나 그들의 예배는 이미 정착된 방식을 따랐다. 그들의 기도는 다양했고 대안적이었지만, 기도의 내용은 거의 정해져 있었다. 예전은 시민 질서와 교회적 통일성을 위해 주어진 상황에서 모든 교회를 위해 제도적으로, 혹은 정부에 의해 승인되고 설정됐다.

종교개혁으로 모두 떠들썩하고 있을 때, 교리와 예배에 있어 보다 큰 자유를 요구하는 작은 분파가 일어났다. 이러한 "자유교회"(Free Churches)는 대륙파와 독립파, 재세례파, 분리주의자들과 나중에는 잉글랜드와 스코틀랜드의 청교도들로 이루어졌다.

자유교회는 예배의 형태가 회중의 선택이라는 점을 고수했다. 고정된, 인쇄된 예배 순서는 진정한 기독교 예배의 방해로 여겼다. 그리고 고정된 기도 역시 "마음에서부터 우러나오"며 "성령님의 인도하심"에 반응하는 즉흥적인 "자유로운" 기도로 바뀌어야 한다고 보았다. 긴 성경 봉독과 더 긴 설교가 그들 예배의 주된 순서였다. 예복, 예식, 교회력 등 모든 "외형"들은 거부했다.

세례와 주님의 만찬은 모든 자유교회에서 시행됐다. 하지만 그것들은 가능한 단순한 형태로 시행되었고 성경 봉독과 즉흥 기도를 수반했다. 회중은 그 자리에 그대로 앉아 성찬을 받았다.

자유교회는 세례와 성찬이 거룩한 은혜의 통로가 되는 거룩한 행위라는 의미에서의 '성례'라는 생각을 거부했다. 그들 중 대부분에게 세례와 주님의 만찬은 하나의 '규례'(ordinance)였다. 그것은 우리의 교육과 교제를 위해 그리스도께서 명령하신 인간의 행위이며, 믿음에 선행하는 것이 아닌 믿음에 따라오는 행위이고, 신자 개개인의 삶에서 믿음을 보여 주는 상징일 뿐이지 믿음을 공급해 주는 시간은 아니다.

많은 자유교회가 유아 세례를 유지하였으나, 재세례파는 유아 세례를 신약성경과 교회 및 복음이 내리는 궁극적 결정의 반대로 보았다. 개인의 신앙고백이 세례에 선행되어야만 했다. 그들은 오직 성인들에게만 세례를 주었는데 신앙고백 후 침례를 하였고, 유아 때 세례를 받은 이들에게는 재세례를 줬다. 이것이 그들을 재세례파라고 부른 이유였다. 재세례파의 지도자 메노 시몬(Menno Simon, 1496-1561)은 세례를 성례, 혹은 중생의 수단으로 보지 않으면서 다음과 같이 말했다.

> 세례를 받았기 때문에 우리가 중생하는 것이 아니다. 믿음과 하나님의 말씀에 의해 중생했기에 세례를 받는다(벧전 1:23). 중생이 세례의 결과가 아니라 세례가 중생의 결과다. 이 사실은 누구에게도 반박될 수 없으며, 성경에 의해 반증 되지도 않는다.[3]

16-17세기를 거치면서 자유교회는 로마 가톨릭으로부터 뿐 아니라 루터파, 개혁파, 잉글랜드국교회 등 조직된 개신교회들에게

---

[3] H. S. Bender, *Menno Simons' Life and Writings*, with Simons' writings trans. John Horsch (Scottdale, PA: Mennonite Publishing House, 1936), 78.

도 박해를 받았다. 이 박해의 기간 많은 자유교회 사람들이 아메리카로 피난 갔다. 그들이 신대륙에 갔다는 사실이 미국 개신교의 반체제적이고 의지주의적인 자유교회 성향을 잘 설명해 준다.

감리교나 장로교같이 "예전적" 뿌리를 가지고 있는 교단들을 포함해 오늘날까지 많은 미국의 개신교회는 예전서, 성례, 기도문, 예전적 장식들에 대해 호의적이지 않으며, 일요일 예배의 형식을 지역교회와 목회자의 특권으로 간주하고 있다. 많은 부분 이것은 자유교회의 유산이다.

5. 대응

종교개혁가들의 작업이 서방교회를 급속도로 해체하는 동안, 가톨릭은 옛 전통의 회복과 유지를 바라며 적극적으로 대응했다. 개혁의 파도를 막기 위한 트렌트공의회가 1543년부터 1563년까지 열렸다. 안타깝게도 소위 반종교개혁(counter-reformation)[4]는 예배 문제에 있어서 많은 개혁을 하지는 못했다.

공의회에서 기원 미사(votive mass)와 어수선해진 교회력과 일반 회중이 성찬에 참여하지 않는 문제들이 논의될 필요가 있다고 언

---

[4] 개신교 입장에서는 종교개혁에 맞서는 운동이었지만, 로마 가톨릭에서는 종교개혁 전후로 이미 일어나고 있었던 "가톨릭 개혁"이라고 부른다 -역주.

급되었으나, 예전적 개혁의 차원에서 중대한 문제는 다루어지지 않았다. 트렌트공의회는 중세 예전 교리들을 대부분 확고히 하면서 어떠한 일탈도 허용되지 않을 만큼 완전한 것이라고 변호했다.

종교개혁가들이 질의했던 화체설이나, 화목 제사로서의 미사, 사제의 계급제, 성례 제도에 대해서 공의회는 거룩하게 정해진 것들이라 변호했다.

예전의 문제들은 대부분 교황에게 넘겨졌다. 1570년 교황 비오 5세(Pius V, 1566-1572)는 전 로마 가톨릭교회에게 통일된 미사 전례를 반포했다.

이 미사전례에 따라 고대로부터 이어온 지역 전통을 지켜야만 하는 몇몇 교회들을 제외하고는 지역적 특성을 고려한 다양한 형태의 미사는 종식됐다.

통일된 미사전례는 로마 예전을 통일하는 데에만 영향을 미쳤을 뿐 아니라 그것을 굳게 하고 제도적인 수준으로 문제를 강화해서 작은 변화도 금지하도록 했다. 많은 한계와 문제점들을 가진 특별한 형태의 예배인 중세의 예식이 시간과 장소를 불문한 로마 가톨릭 예배의 절대 규범으로 고정됐다.

1588년 교황 식스토 5세(Sixtus V, 1585-1590)는 예부성성(Congregation of Rites)[5]이라는 기관을 만들어 전 로마제국 내의 모든 교회

---

5   예부성성(禮部聖省). 1588년 창설되어 각 지역이 예식에 대한 의혹을 질의할 때 해답을 주는 역할을 주로 했다. 1969년 5월 8일 교황 바오로 6세에 의해 경신성성과 시성성성이라는 두 기관으로 분할됐다 -역주.

가 같은 예전을 가지고 예배하도록 감독했다. 예배의 목적으로 혹은 그저 교훈과 이해를 위한 목적으로라도 미사 전문의 자국어 번역이 금지됐다. 거의 4백 년간 로마 가톨릭 예배에 있어 진정한 개정은 일어나지 않는다.

강력한 통일성을 부과하여 개혁의 파도를 저지해 보고자 했던 반종교개혁의 노력은 중세로부터 이어온 가장 안 좋은 몇 가지 문제들을 영속화 시키는 결과를 가져왔다.

미사는 점점 거세지는 합리주의와 회의론을 막고 교화하기 위한 목적으로 만들어진 바로크 양식의 무대에서 사제가 홀로 행하는 신비롭고 아름다운 '거룩한 드라마'로 더 굳어졌다. 악기를 대동해서, 화려한 장식의 바로크 건축 양식의 정교한 음악이 있는 미사는 신자들 앞에서 그야말로 한 편의 연극이 됐다. 성찬의 빵과 포도주를 숭배[6]하거나 묵주에 대한 예식 등 예전에 대한 지나친 경외심이 회중의 미사 참여에 대한 대안으로 중요성을 띠고 점차 늘어갔다.

6. 요약

종교개혁가들이 더욱 많은 회중의 예배 참여를 만드는 데 성

---

[6] 성체조배(Adoration of the Blessed Sacrament)라고 한다 –역주.

공하긴 했지만, 예배에 대한 기본적인 자세는 여전히 개인적이고 주관적이었다. 회중의 역할은 여전히 수동적이었다. 말씀과 성찬의 대등성이 루터와 칼빈을 통해 강조되었지만, 그들은 그것을 실행하기에는 역부족이었다.

설교가 예전의 도드라진 순서로 회복되었는데, 그 도드라짐이 대부분 개신교 예배를 지배하게 됐다. 루터는 교회력을 원래대로 그리스도 중심으로 개혁했다. 다른 종교개혁가들은 교회력 사용을 전적으로 거부하였는데, 개혁되기에는 너무나 타락하였고 또 그것이 일요일 중심성을 모호하게 만들기 때문이다.

루터와 칼빈은 원죄와의 관계 가운데서 중세시대 때보다 더 균형 잡힌 세례를 베풀었다. 그러나 재세례파와 그 후예들의 도전이 세례에 대한 근본적인 질문들을 던졌고, 급기야 유아 세례냐 성인 세례냐의 문제를 두고 개신교가 분열하기에 이르렀다.

서방교회는 산산조각이 났다. 한 편에서는 보수적인 루터파부터 급진적인 재세례파에 이르기까지의 다양한 개신교들이 폭넓게 나열되어 있고, 다른 한 편에는 엄격하게 대응하고 있는 로마 가톨릭교회가 있었다.

제7장

예식서와 청교도: 잉글랜드에서의 개혁

Prayer Books and Puritans:
The English Reformation

Old Baptist Meetinghouse, 1796, Yarmouth, Maine

유럽 대륙이 개혁과 그 대응으로 인해 고통 중에 있을 때 잉글랜드의 교회들은 잉글랜드국교회(Church of England)로 변하고 있었다. 헨리 8세(Henry VIII, 1509-47)가 교황과 단절한 것은 신학적이라기보다는 정치적인 문제 때문이었다. 잉글랜드국교회에 대한 통치는 교황에서부터 잉글랜드인들의 손으로 옮겨왔으나, 국제적인 '가톨릭'교회의 교리와 예전은 로마의 중세교회로부터

1547년 헨리 8세가 죽을 때까지 거의 변한 것이 없었다.

헨리 8세의 전 생애를 통해 교리와 예전에 대한 그의 보수적인 태도에는 많은 변화가 없었다. 그가 죽고 에드워드 6세(Edward VI, 1547-53)가 재위에 올랐을 때야 종교개혁의 열풍에 사로잡혔던 잉글랜드인들은 잉글랜드 내 개혁교회 건설의 기회를 얻게 됐다. 캔터베리의 대주교였던 토마스 크랜머(Thomas Cranmer, 1489-1556)와 후에 런던의 주교가 되는 니콜라스 리들리(Nicholas Ridley, 1500-1555)의 주도 아래 그들은 온건하고 중도적인 형태의 개혁을 추구했다.

칼빈의 제자들의 영향을 받은 탓에 그들도 칼빈처럼 미사를 제사로 보는 중세 교리와 화체설 교리에 반대하였지만, "찬양과 감사의 제사"로서의 성찬과 거기에 임하시는 그리스도의 실재적 임재에 대해서는 반대하지 않았다. 그들은 중세의 성직자주의는 반대했지만, 칼빈주의자들과는 다르게 사제직의 유효성과 주교에 의한 교회 통치에 대해서는 확신을 가지고 있었다. 그들은 중세의 복잡한 예식을 싫어했으나 그렇다고 모든 예식을 제거하기를 원한 것도 아니었다.

당시 잉글랜드의 종교개혁가들은 중세의 실천에서부터 가능한 적은 변화를 가져오기 원했던 헨리 8세의 입장을 지지하는 잉글랜드 보수주의자들과, 교리에서는 칼빈을 따르고 예전에서는 쯔빙글리를 지지하는 극단적인 개신교도들 사이에 서 있었다. 보수주의자들은 정부에는 별 영향력을 행사하지 못했지만, 대중들로부터는 엄청난 지지를 받았다. 극단적인 개신교도들은 일정 기간 정부를 장악했고 잉글랜드 예배에 지대한 변화를 가져왔던 열정적 소수집단이었다.

1547년부터 '대미사'(High Mass)[1]에서 성경을 영어로 읽기 시작했다. 같은 해, 의회는 극단적 개신교도들의 성찬에 대한 급진적 견해에 맞서면서 미사 참여자들에게 포도주와 빵 모두가 반드시 주어져야 함을 공포했다.

하지만 우리가 제5장에서 보았듯이 포도주의 잔은 1200년대 이후로 서방교회에서 일반 회중에는 주어지지 않았다. 중세의 라틴어 미사에서는 두 요소 모두 성찬식에서 일반 회중에게 나누어주지 않았다. 이러한 딜레마가 크랜머 대주교가 옛 미사로부터의 작은 변화가 아닌 예배에 대한 대대적인 개혁을 단행하도록 했다.

1548년 크랜머는 잉글랜드 성찬 예식서인 『예전서』(*Order of Communion in English*)를 발행한다. 그 예전서는(현재 잉글랜드 종교개혁가들이 미사를 부르는 명칭인) "성만찬"(Holy Communion)을 합당하게 받기 위한 권고, 예배로의 부르심(invitation), 일반적 의미에서의 죄 고백, 사죄의 선포, (성경에서 용서에 대해 말씀하시는 구절들인)

---

[1] 주요한 주일에 장엄하게 거행된 미사를 지칭한다. 하지만 제2차 바티칸공의회 이후 새로운 예전의 도입과 함께 이 용어 자체가 가톨릭 공식 문서상에서는 사라졌고, 우리나라에서는 1997년 '천주교영어위원회'에서의 심의를 거쳐 "장엄미사"로 통일하여 칭하기로 했다 -역주.

"위안의 말씀"(Comfortable Words)으로 이어지고, 그 뒤에는 많이 애용되는 크랜머의 "겸손히 나아오는 기도"(Prayer of Humble Access)가 이어진다.

> 오 자비로우신 주님! 우리는 자신의 의로움이 아닌 오직 주님의 많고도 크신 자비로우심으로 주님의 식탁으로 나아옵니다. 우리는 주님의 식탁에서 떨어지는 부스러기도 주울 만한 가치가 없지만, 주님은 언제나 자비가 가득하신 주님이십니다. 은혜로우신 주님, 주님이 사랑하시는 아들 예수 그리스도의 몸과 피를 이 신비 안에서 먹고 마시게 하사, 우리가 그 안에 계속 거하며 그분이 우리 안에 거하게 하소서. 그리하여 우리의 죄악 된 몸을 그분의 몸으로 인해 정결하게 하시고, 우리의 영혼이 그분의 소중한 피를 통해 씻기게 하소서. 아멘.[2]

그리고 빵과 포도주를 모두 받는 회중의 성찬과 축복이 이어진다. 예배의 남은 부분은 라틴미사의 뒷부분과 같다. 이 예배는 예배와 기도를 위한 완전한 형태의 책을 위한 길을 예비했다. 이 책은 사제들이 예배를 인도하기 위해 사용하였던 다양하고 난해하였던 예배 인도서들을 요약한 것이었고, 최초로 각 예배자의

---

[2] Bard Thompson, *Liturgies of the Western Church* (New York: The World Publishing Co., 1961), 261.

손에 주어지게 될 예배 문서이기도 하였다.

구텐베르크의 발명이 영어권 회중의 예배 개혁에서 가장 중요한 위치를 차지하는 단일 사건을 가능하게 해 주었으니, 바로 『공동예식서』(the Book of Common Prayer)[3]의 출판이었다.

1. 1549년 판 공동예식서

1549년 오순절, 강제적인 '통일령'(Act of Uniformity)에 의해 잉글랜드국교회들은 공동예식서를 사용해야만 했다. 크랜머는 초대 교부들, 루터파 예식서들, 스페인 추기경의 "성무일도서"(Breviary), 동방정교회의 예전들, 옛 갈릭 예식들 등 놀라우리만큼 다양한 자료들을 모아서 '사룸 예식'(Sarum rite)으로 통합시켰다.

사룸 예식은 원래 '로마 예식'(Roman rite)이었는데 솔즈베리(Salisbury)에서 영어 사용에 적합하게 적용됐다. 이 사룸 예식이 영어로 된 최초의 예식서의 주 자료였다. 크랜머는 그의 책에 들어갈 자료들을 선택하면서 그가 가이드라인으로 삼았던 원칙들에 대해 이렇게 말했다.

---

[3] "공동 기도서"로 많이 번역되지만, 기도서라고 할 때는 예배 전체를 아우르는 의미보다는 공적으로 행하는 기도행위로 이해될 수 있기에 원래의 취지에 맞게 공동예식서로 번역한다 –역주.

① "성경에 기반을 둘 것."
② "초대교회 예식과 상통할 것."
③ "왕국을 통합해 줄 것."
④ 회중을 "교화"시킬 것.

이러한 원칙들 아래 만들어진 책을 통해 예전 개혁가로서의 크랜머의 천재성과 더불어 그의 단점도 보게 된다. 대륙의 종교개혁가들과 마찬가지로 크랜머 역시 예배가 "성경에 기반"을 두고 "초대교회와 상통"하기를 원했다.

크랜머는 "흔히 '미사'라 불리는 주님의 만찬 혹은 성찬"에 관련하여 성찬의 유익과 성도들이 성찬을 받는 당위에 대하여 강조했다. 오직 사제만이 빵과 포도주를 받는 성찬은 집례 되어서는 안 된다. 신약성경이 강조하는 성찬의 유익과 그 윤리적, 목회적 중요성을 회복시키고, 중세시대 때 성찬과 관련하여 몰두하였던 실재에 대한 논쟁과 희생 제사로서의 성찬이라는 두 가지 사안을 몰아내고자 했다.

1549년 판은 또한 더 크고 두꺼워진 성찬 빵(wafer)이 사용될 것도 강조했다(개정판에서는 좋은 재료로 만든 빵이라면 성찬에 합당하다고 강조한다). 빵은 반드시 회중의 입에 넣어줘야 했는데, 중세의 전통을 인정했기 때문이 아니라, 사람들로 하여금 그것을 받아들고 나가 미신적인 방법으로 사용 못 하도록 하기 위함이었다(개정판에는 회중의 손에 주도록 공포한다). 또한, 성찬에 사용된 포도주병의 크기를 보아 이 시대에는 비교적 많은 양의 포도주를 주 었음을 알 수 있다.

예배에 사용되는 언어는 단순하고 보다 직설적이었다. 크랜머는 교회의 전통을 중시하였고, 몇몇 대륙의 종교개혁가들과 같은 엄격한 성경주의에 빠지지 않았으며, 잉글랜드 개혁 교인이 그의 예식서를 보다 잘 수용할 수 있도록 복잡한 의식들을 제거했다.

세례 예식에서 아기에게 숨을 불어넣고, 소금을 주고, 기름을 붓고, 초를 선물로 주는 행위들을 모두 없앴다. 하지만 수세자의 이마에 십자가를 긋는 것과 새로 세례받은 이에게 하얀 가운을 입혀주는 전통은 유지했다. 견진성사 시 기름을 부었던 중세의 행위는 없애고 손을 얹는 것으로 대신했다.

1549년도 판 예식서를 통해 크랜머는 '중도'(*via media*)를 추구했다. 종교적으로 잉글랜드는 보수적인 가톨릭, 개혁주의적인 중도파, 급진적인 개신교도들도 분열되어 있었다. 헨리 8세가 교리적 연합을 꾀하려다 실패했던 것을 알기에 크랜머는 교리적 합의 대신 공동 예배를 통한 종교적 연합을 추구한 것이었다. 그의 『공동예식서』는 가능한 많은 사람이 수용할 만한 것이어야만 했다.

이는 이 책이 교리와 예전이 서로 상반되는 갈등의 상황에서도 기능을 잘하는 이유를 설명해 준다. 예를 들어, 크랜머는 성찬을 제사의 성격으로 보게 한다는 이유로 봉헌을 경시했다. 봉헌이 언급될 때 그는 회중의 자선 행위라는 점에 강조를 두었다. 그는 빵과 포도주를 높이 드는 성체거양을 금지했다.

그는 '축성 기도'를 성찬 기도라고 불렀는데, 거기서 그는 힘을 다해 우리가 기억하는 것은 그리스도의 과거 제사이지 우리의 제사가 아님을 강조했다. 하지만 그는 "찬양과 감사의 제사"로서의 예배와 "주님께 합당하고 거룩한 살아있는 제물로서 우리 자신과 우리의 영혼과 육체를 주님께" 드리는 예배는 인정했다.

예식서에 나타난 가장 새롭고, 크랜머의 예전에 있어서 가장 중요한 공헌은 아침과 저녁 예식(Morning and Evening Prayer)이었다. 수도원 공동체에서는 5장에서 보았듯이 "성무일과"(the Divine Office)를 통해 하루에 여덟 차례 공동 기도를 드린다. 이 실천은 아마도 유대인들이 개인적으로 매일 다양한 시간에 기도를 드렸던 전통에서부터 왔을 것이다.

수도원주의가 한창 꽃피던 4세기에 수도사들은 주로 시편과 기도로 이루어진 매일의 공동 예배를 만들었다. 동트기 전(nocturns)과 동이 틀 때(lauds) 기도했고, 지금으로 하면 오전 6시, 9시, 정오, 오후 3시인 첫 시(*prime*), 3시(*terce*), 6시(*sext*), 9시(*none*)마다 기도했다. 그리고 황혼 때(vespers)와 잠자리에 들기 전(compline)에도 기도를 드렸다. 매주 한 번씩 전체 시편이 낭송됐다.

중세 후기에 가면 수도원에 들어가지 않은 교구 교역자들도 홀로 혹은 함께 성무일도서(the Breviary)를 사용하여 매일의 일과를 읽었다. 몇몇 일반 성도들도 일요일과 성일에는 동이 틀 때의 기도와 황혼 기도에 참여했다. 일반 회중에게 이 일과들은 성찬을 대신하는 것이 아닌, 성찬 전 혹은 후에 예배를 위해 추가로 하는 활동이었다.

1549년 예식서에서 크랜머는 이러한 매일의 수도원 기도를 많이 의지하여 아침과 저녁 예식을 만들었다. 크랜머는 교역자와 수도사들 중심의 성무일과를 일반 성도들에게 돌려줌으로 모두가 제사장이라는 종교개혁의 믿음을 강화하기 원했다.

그는 일반 회중이 시편 낭독과 공부 및 기도의 자리에 매일 함께 오기를 기대했다. 수도원 생활이 1530년대 잉글랜드에서 금지되면서 이전에 수도원 예배에 참석했던 성도들에게 매일 드리는 예배의 공백이 생겼었다.

하지만 크래머가 이제는 아침과 저녁 기도를 통해 성도들도 지역교회에서 매일 예배할 수 있게 됐다. 사제가 없으면 일반 성도들이 예배를 인도하기도 했다. 일요일에는 아침 기도(matins)가 단순히 성찬에 앞서 진행될 뿐이었다.

크랜머가 의도한, 매일 영어로 진행되는 공동 예배는 한 번도 완전히 실현된 적은 없다. 성도들은 매일 두 번씩 지역교회에서 예배할 만큼의 열의도 시간도 없었다.

아침과 저녁 예식은 주로 교역자들이 그날의 기도를 읽는 것으로 변했고 성도들은 드물게만 참여했다. 하지만 일요일에는 아침과 저녁 예식이 너무나 성공적이었다. 대부분의 중세 잉글랜드 그리스도인들은 일 년에 한 차례만 성찬에 참여했었기 때문에 성도들을 위한 성찬의 전통은 없었다. 회중 모든 사람이 매 일요일에 성찬을 받아야 한다는 크랜머의 주장은 지지를 받지 못했다.

잉글랜드국교회의 일요일 예배는 성찬이 없는 형태로 발전됐다. 아침 기도, 탄원 기도(litany), 봉헌이 예배의 첫 부분을 이루고 마지막으로 설교와 기도가 이어진다. 일요일 예배는 건조하고, 교훈적이며, 장황한 성경 봉독과 기도 및 설교로 이루어진 말씀의 예배가 됐다. 성찬을 포함한 예배는 한 달에 한 번 있기도 하였으나 보통은 일 년에 세 차례 있었다.

크랜머가 아침 기도를 만든 것은 참으로 잘한 일이었다. 아침 기도는 성경 중심적이었고, 정제되었으며, 잉글랜드인들의 성품과 예배에 대한 그들의 필요에 부합한 균형 잡힌 예배를 제시해 줌으로 그의 『공동예식서』에서 가장 사랑받게 됐다. 매일의 예배를 사람들에게 다시 제공하기 위해 크랜머가 만든 예배가 향후 300년 동안 사람들이 정규적인 일요일 예배를 지키게 하는 효과를 가져다 줬다는 사실은 예전 역사에 있어서 재미난 일이다.

1549년 판 『공동예식서』는 앞으로 개정될 모든 잉글랜드국교회 예식서의 모형과 원천이 되었고, 유일한 잉글랜드식의 그리고 현실적 개혁주의 예전을 창조했다는 주목할 만한 성과의 전형으로 인정받았지만, 출판될 당시 이 책은 실패작이었다.

이 책이 실패했던 이유는 중도적 입장 때문이었다. 모든 당파를 만족하게 하려고 다른 많은 사람이 했던 것처럼 타협을 시도했고, 결국 적은 수를 만족하게 하는 대신 많은 이들로부터는 배척

당하는 길을 답습했다. 실패의 또 다른 원인은 통일성 때문이었다. 심지어 중세시대 때도 교회가 지역적 특성을 고려한 다양성을 수용했었음을 상기할 때, 규정된 예전은 너무나 급진적인 것이었다. 로마 가톨릭교회도 1570년 교황 비오 5세가 통일령을 내리기 전까지는 규정된 예전이 없었다는 사실을 생각해 보라.

개혁주의 입장에서는 이 책을 수용할 수 없었는데, 왜냐하면 예배의 제사면 측면과 성찬에서 그리스도의 실재에 대한 부분을 삭제하지 못했기 때문이다. 이 책에서는 제의(vestments)와 일부 예식들이 유지됐다. 개신교 극단주의자들도 이 책을 무시하거나 그들이 원하는 대로 수정했다.

보수주의자들은 반대의 이유로 이 책을 수용하지 않았다. 잉글랜드 남부 지역에서는 이 책이 일반 사람들이 마음에 소중히 여겼던 경건하고 예식적인 관행들을 삭제했다는 데에 대한 저항으로 귀족과 소작농들이 무장봉기를 일으켰다. 비록, 가시적인 참여에 국한되어 있긴 했어도 당시 일반 사람들은 사제가 빵을 높이 들어 올리는 "성체거양" 순서를 통해 그들이 정말 미사에 참여하고 있다고 느꼈는데, 그것이 삭제됐다. 죽은 자들을 위한 미사도 사라졌고, 익숙한 예식들은 건조하고 단조로운 의식들로 대체되었는데, 이 모든 것이 보수적 감수성을 가진 이들에게는 큰 충격이었다.

그러나 정치적인 바람이 개신교도들에게 확실히 유리한 쪽으로 불어왔다. 재정 압박을 심하게 받아오면 헨리 8세는 중세 내

내 쌓여왔던 교회의 재산을 합법적으로 약탈하는 사업을 시작했다. 급진적 개신교도들은 지지했는데, 이것이 보수파를 무장해제 시키고 개신교의 입지를 튼튼히 해 줄 것이라 보았기 때문이었다. 이어질 격변의 시기에 정부에 반대한 보수파들은 감옥에 가거나 대륙으로 추방됐다. 이제 보다 급진적인 개혁주의자들이 대세가 됐다.

존 후퍼(John Hooper, 1495-1555), 마일스 커버데일(Miles Coverdale, 1488-1569), 존 낙스(John Knox, 1513-1572)는 정부를 위한 새로운 기독교 조언자가 됐다. 새로운 예식서가 요구되었으나, 주교들은 이전 책의 실패가 얼마 지나지 않아 새로운 책을 내는 것을 주저했다. 1552년 마침내 주교들이 새롭고 보다 개신교적인 예식서를 만들기로 합의하였을 때 그들은 크랜머가 이미 두 번째 『공동예식서』를 작업 중이었음을 알게 됐다.

2. 1552년 판 공동예식서

1549년 판 예식서의 주재료가 솔즈베리교회의 '사룸 예전'이었다면, 1552년 판은 개신교 자료들에 더욱 의지했다. 크랜머의 첫 번째 책은 그가 존경했던 대륙의 개혁가 중 일부로부터 신랄한 비판을 받았는데, 급진적인 잉글랜드 개혁가들에 대해 가시 돋친 말을 전혀 하지 않았기 때문이었다.

이러한 비평에 더하여 새로운 책을 위한 크랜머의 작업은 유럽 개신교 망명자들이 잉글랜드로 피난 올 때 가지고 왔던 새로운 쯔빙글리 추종자들의 예전으로부터 지대한 영향을 받았다. 따라서 두 번째 **『공동예식서』**는 그 신학과 형태에 있어서 좌편으로의 이동이 분명한 책이었다.

하지만 크랜머는 새 예식서를 통해 신학적 정치적 문제들을 해결하는 과정에서 다시 한번 예전적 문제에 빠지게 된다. 1552년 판은 부실했고, 예배에 대한 접근에서는 파편적이었으며, 상반된 신학적 원리들을 적용함에서는 혼란스러웠다.

새 예식서의 주된 문제는 이 책이 담고 있는 "주의 만찬 혹은 성찬 예식"(The Order for the Lord's Supper, or Holy Communion)의 급진적 개정에서 발생했는데, "미사"(Mass)라는 말은 이제 사라졌다.

1549년 판에서 성찬을 집례하는 사제는 전통적인 제의복(chasuble)과 장백의(alb)를 입어야만 했다. 극단적 개신교도들은 크랜머가 모든 예복을 없앤 것을 좋아했었는데, 1552년 판에서 그는 옛 의복들을 없앤 대신 카속(cassock) 위에 흰색 중백의(surplice)로 대체했다.

급진주의자들은 1549년 판에서의 성찬이 참회적 요소를 충분히 다루지 않았다는 이유로 비판했는데, 그래서 크랜머는 1552년 판에서 예배 시작 시 십계명 낭독을 추가하면서 개신교도들이 없애기 원했던 예배 음악을 삭제했다. 이제 예배는 장황하고 교훈적인 면은 말할 것도 없이 전반적으로 참회적인 우울함으로 가득하게 됐다.

1549년 판에서는 봉헌(offertory)을 강조했었지만, 이 새로운 성찬 예전에서 크랜머는 포도주와 빵에 대해 어떤 언급도 하지 않고 봉헌을 구제의 측면과만 연관시킴으로 극단주의자들을 만족하게 하고자 했다.

성찬에 사용되는 빵과 포도주의 봉헌이나 제사의 그림자는 이제 예배에서 전혀 보이지 않았다. 십자가에서 행하신 그리스도의 사역이 오직 믿음의 응답으로서의 우리의 반응과 함께 강조됐다. 개신교 교리인 이신칭의는 성찬 예전에서 구체화했다.

빵과 포도주가 회중에 주어질 때 이제 더 이상 사제가 "우리 주 예수 그리스도의 몸입니다…. 우리 주 예수 그리스도의 피입니다 …"라고 말하지 않았다.

단지 "이것을 받아먹으십시오 … 이것을 마시며 기억하십시오 …"라고 할 뿐이었다. 이스트를 넣지 않은 성찬 전병 대신 평범한 빵이 사용됐다.

그렇다고 크랜머가 극단주의자들의 모든 바람을 들어준 것은 아니었다. 그는 일부 개혁주의자들이 "헛되게 반복"될 뿐이라고 여겼던 주기도를 삭제하지 않았다. 대신 그는 전통적으로 성찬 기도 후에 있었던 주기도를 성찬 다음으로 옮겼다.

성찬에서의 실재를 표현한다는 이유로 극단주의자들이 비판했던 크랜머의 감사 기도와 한 번도 이 순서에 있었던 적은 없었지만, 그가 유지한 예전 음악 "대영광송"(*Gloria in Excelsis*)과 주기도로 예배가 끝난다. 이는 예배의 마무리가 극도로 길어지고 오히려 실망스게 끝나게 하는데 기여했다.

빵과 포도주를 받을 때 무릎을 꿇는 문제에 대해서 크랜머의 입장은 확고했다. 그는 개신교도들의 마음을 얻고자 예배에서 무릎 꿇기를 없애지는 않았다. 하지만 낙스와 후퍼 주교 같은 극단주의자들은 그들의 견해로 에드워드 왕을 굴복시킨 후, 무릎 꿇기를 없애도록 크랜머를 압박하는 데에 거의 성공했다.

크랜머가 절충안으로 내놓은 것이 그 유명한 "검정색 규정"(Black Rubric)이었다.[4] 이를 통해 그는 무릎을 꿇는 것의 의미를 설명했고 그것을 성찬 예배의 가장 마지막에 위치시켰다. 이 규정은 성찬에서 무릎을 꿇는다고 해서 화체설을 믿는 것은 아니라고 주장하면서, 단지 그것이 성찬을 받기에 적합한 자세이기 때문에 무릎을 꿇어야 함을 분명히 했다. 성찬에서 무릎을 꿇는 것은 전통이 계승되고 있음을 확인시켜 줄 뿐 아니라 크랜머의 성찬이 무거운 참회적 성격을 갖게 만드는 하나의 요소가 됐다.

개혁주의자들이 크랜머를 좋아하는 이유는 그가 중세적 참회의 성찬을 없애고 대신 개신교도들을 위한 성찬을 바꾸었기 때문이라는 말은 사실이다!

참회에 대한 이러한 강조는 새로운 예식서에서의 아침과 저녁

---

[4] 규정(rubric)은 모두 붉은색으로 인쇄가 되지만, 무릎을 꿇는 것과 관련된 조항은 규정이 아니라는 의미에서 검은색으로 인쇄가 됐다 – 역주.

예식에도 영향을 미쳤다. 이 예식들에 크랜머는 참회적 요소를 추가했다. "성구낭독"(Opening Sentence), 모든 이들의 죄 고백, 사제에 의한 사죄의 선포가 그것이다. 예배를 무엇보다 죄에 대한 인정과 회개로의 부름으로 본 개혁주의자들을 다시 한번 만족하게 한 일이었다.

1552년 판에서 세례와 견진성사에 대해 크랜머는 세례 시 십자가를 긋는 것과 견진성사 시 주교가 안수해 주는 것을 제외한 모든 예식을 없앴는데, 십자가를 긋는 행위도 원래의 전통적인 위치에서 세례 예식 후로 변경됐다.

중생의 개념으로서의 세례는 명백하게 진술됐다. 견진성사를 위한 새로운 근거도 제시되었는데, 교리교육의 중요성, 서약의 공적 갱신, 성찬 참여 허가라는 개혁주의의 입장과 더욱 조화를 이루는 것들이었다.

1552년 판은 2차 통일령에 의해 강제되었으나 그것은 고작 1년간만 유지됐다. 메리 여왕 1세(Mary I, 1553-1558)의 통치 아래에서 통일령을 날려버리고 크랜머와 같은 개혁가들을 사형시키거나 대륙으로 보냈는데, 그들은 거기서 기다리면서 개신교에 대한 더한 열정에 몰두하게 됐다.

1559년 훌륭한 여왕 베스(Good Queen Bess, 1558-1603)가 왕좌에 오르면서 개신교도들은 권좌에 복귀하게 되었고, 보다 엄격한 개혁과 더불어 덜 창의적이거나 더 통일된 예식서가 요청됐다. 하지만 옛 경건이 보통 사람들에게서 사라지는 데에는 오랜 시간이 걸렸고 그들 중 많은 이가 지역교회를 출석하지 않게 됐다. 박해를 받으면서 하찮은 소수집단이 된 가톨릭 보수파나 개신도교들의 추방 이후 점차 세력을 확장해 가던 청교도 모두 여전히 불만족스러웠다.

3. 청교도와 고교회파

그 불완전한 책이 가톨릭 미사의 퇴비를 골라서 걸러내 줬다.

이것이 국교회 내 청교도파(Puritan Pary)가 예식서를 보는 관점이었다. 그들은 잉글랜드의 종교개혁이 끝나기를 잠시 숨어서 기다렸다. 제네바에 망명해 있던 존 낙스는 완전히 개정된 잉글랜드 예전을 출간했는데, 이는 증가하는 자유교회의 영향력을 보여 주는 것이었다.

낙스는 메리 튜더(Mary Tudor)의 사망 이후 돌아와서 그의 『예식서』(Forme of Prayer, 1556)를 직접 소개했다. 낙스는 잉글랜드가 아닌 스코틀랜드로 돌아갔는데, 스코틀랜드인들은 엘리자베스가 잉글랜드에 부과한 것과 같은 규제 없는 개혁을 수행하기를 열심히 수행했다.

낙스의 인도 아래 교회 정치에서는 장로교이고, 교리는 칼빈주의적, 예배에서는 청교도적인 스코틀랜드교회(the Kirk of Scotland)가 형성됐다. 낙스의 영향력으로 인해 청교도파는 잉글랜드에서도 그 세력이 강해졌다. 그들은 모든 "비성경적인" 첨가물로부터 잉글랜드의 예배를 "정결하게" 만들기 원했다. 하지만 엘리자베스는 청교도들의 노력에 반대했는데, 그녀의 왕국에는 통일된 예배서가 절대적으로 필요하다는 생각에서였다.

처음에 청교도들은 예식서의 내용 중 가톨릭의 잔재인 성찬 시 무릎을 꿇는 행위나 성인의 날을 기념하는 것, 환자를 위한 성찬,[5] 결혼식 반지나 세례 시 십자가를 긋는 행위 등을 반대했다.[6] 이러한 행위들은 성경에 위배된다고 간주되었기 때문에 반대됐다. 나중에는 독립파(Independents)의 영향으로 청교도들은 예식서에 의해 진행되는 예배를 완전히 없애는, 보다 자유교회에 가까운 형태로 발전한다.

1603년 엘리자베스가 사망하자, 제임스 1세(James I, 1603-1625)가 왕좌에 올랐다. 제임스는 스코틀랜드 장로교인이었기 때문에 청교도들은 제임스를 개혁의 동반자로 여기며 환영했다. 하지만 제임스는 그들에게 별 도움이 되지 못했다.

---

[5] 당시 이것이 오래된 개인적 미사의 전통으로 남아있었기 때문이었다.
[6] 대부분 청교도는 유아 세례에 대해서는 문제의식을 느끼지 않았다. 그들은 유아를 하나님과 언약의 자리에 데리고 온다는 칼빈주의적 관점으로 이 예식을 해석했다.

1611년 흠정역(KJV)의 탄생과 함께 제임스는 1604년 새로운 예식서를 발간했다. 그러나 이 새로운 책은 청교도들을 달래주기 위한 가벼운 시도였을 뿐이다. 변화는 미미했다. 기본적으로 1604년 판은 1552년 판을 조금 새롭게 한 것에 지나지 않았다. 제임스의 생각은 확고했다. 그는 잉글랜드의 청교도들을 좋은 국교도라고 생각하였으며, 심지어 스코틀랜드교회를 국교회로 복구하려고까지 했다. 하지만 스코틀랜드에는 낙스의 영향력이 확고하게 자리 잡고 있었다.

제임스의 아들인 찰스 1세(Charles I, 1625-1649) 때 켄터베리의 주교였던 윌리엄 로드(William Laud, 1573-1645)가 국교회 내 "고교회파"(High Churchmen)로 불리는 그룹을 이끌었다. 이들은 교회의 교리와 사역 및 성찬을 거룩한 기원이며 교회 생활 중에 극도로 중요한 요소들이라고 주장했다. 그들의 반대편에 서 있는 "저교회파"(Low Churchmen)는 성례는 인간이 고안해 낸 것이라 생각하면서 개인 윤리와 경건 및 선행이 더욱 중요하다고 믿었다.

로드를 추종하던 이들은 신학적으로는 개혁주의와 함께했다. 그들의 주된 관심은 예식서의 개정보다는 예배의 실천과 형태의 개선에 있었다. 말씀을 강조하는 개혁주의의 기조를 버리지는 않았으나 그들은 국교회에 있었던 초기 쯔빙글리식의 성향을 뒤집기 원했다.

로드를 추종하는 이들은 더 많은 예식과 성만찬의 거룩함을 원했으며 많은 곳에서 월 1회 성례 시행 제정에 성공했다. 그들은 성찬상을 "제단"으로 대체했고 강단을 두르기 위해 난간을 세웠다. 이런 것들이 그들의 성찬신학에 대한 건축적 표현이었다. 하지만 그들은 또한 왕과 국교회에 대한 공개적 반역을 촉발하는 데에도 일조했다.

제임스 1세는 스코틀랜드인들이 『공동예식서』를 수용하도록 하는 데에 많은 진전을 이루지는 못했고, 1620년대와 1630년대에 소수의 극도로 보수적인 스코틀랜드인들은 스코틀랜드교회를 위한 예식서를 제작했다. 그 예식서는 크랜머의 것보다 더 가톨릭 전통에 가까운 것이었다. 로드 주교는 찰스 1세에게 이 극단적인 개정판을 스코틀랜드에서 시행하지 말 것을 경고하였으나, 1637년 7월 23일 찰스 1세는 그 예식서를 시행했다.

바로 그 날 낙스의 오래된 교회인 성 자일스교회(Saint Giles church)에서 에딘버러(Edinburgh)의 주임 사제가 새예식서를 가지고 예배를 인도할 때였다. 제니 게데스(Jenny Gegges, 약 1600-1660)라는 젊은 스코틀랜드 여성이 사제가 이 끔찍한 책을 읽기 시작하자 의자를 들어 사제의 머리를 향해 집어 던졌다.

이어 회중은 폭도로 변하였고 사제는 급히 도망갔다!

찰스 1세의 오판의 결과로 스코틀랜드와 잉글랜드 사이에 종교 전쟁이 발발했으며 그 전쟁은 곧 1640년대 잉글랜드 내전이 됐다. 승자는 청교도파였다. 로드 주교는 참수당했고, 찰스 1세도 그의 뒤를 이었다. 1649년부터 1658년까지는 올리버 크롬웰(Oliver Cromwell, 1599-1658)이 잉글랜드를 이끌었다. 장로교회와 독립파의 복합체가 크롬웰 연방정부의 공식 종교가 됐다. 잉글랜드국교회와 로마 가톨릭은 금지됐다.

국교회와 공동예식서는 사라지고, 크롬웰 의회는 『공예배지침서』(A Directory for the Public Worship of God)를 발행했다. 『웨스트민스터 예배모범』(Westminster Directory)이라고 불리게 되는 이 책 전체가 청교도 예배규정과 공예배를 위한 제안들로 구성되었고, 분리주의자들이 주장했던 전적으로 즉흥적인 방식은 배제됐다. 결혼반지와 제의(vestment), 신앙고백과 성찬 시 행하던 주 기도가 금지되었고, 운율시편을 제외하고는 공예배에 회중의 **어떠한** 참여도 금지됐다.

만약 『예배모범』이 살아남았다면 잉글랜드 청교도의 예배는 즉흥성과 국교회의 형식주의가 적절하게 균형 잡힌 형태로 남았을 수도 있었다. 하지만 『예배모범』은 연방정부에서 단명했다. 1658년 크롬웰이 사망한 후, 그의 연방정부는 붕괴하였고, 1660년 찰스 2세(Charles II, 1660-1685)와 함께 왕정 복고가 이루어졌다. 다시 한번 국교회와 『공동예식서』가 잉글랜드의 공식 교회와 예전이 됐다.

장로교회는 예식서의 개정에 영향을 끼치려 했다. 하지만 종교적 극단주의와 정치적 혼란에 탈진한 잉글랜드는 그들에게 호의적이지 않았다. 1662년 개정판이 선보였는데 이는 실상 1552년 판에서 몇 개 규정을 추가하고 몇 개의 어휘를 바꾼 것에 지나지 않았다. 지역교회에서 예식서에 대한 어떤 변경도 금지하는 새로운 통일령에 의해서 사실상 청교도들은 잉글랜드국교회에서 추방당했다. 국교회에 반대했던 그룹 중에서 잉글랜드 분리주의자들이 있었다. 그들은 전직 국교회 사제였던 존 스마이드(John Smyth, 1570-1612)와 함께 네덜란드로 피난해 갔다.

스마이드는 잉글랜드국교회는 '타락한 교회'라는 이유를 가지고 타락의 원인을 찾았는데, 그의 결론은 잉글랜드 전역에 걸쳐 모든 아이에게 무차별적으로 시행되고 있었던 세례 예식에 있었다. 그의 생각에 잉글랜드국교회는 교회가 아니었기 때문에 그들의 세례도 참 세례가 아니었다. 그래서 스마이드는 자신에게 세례를 주었는데, 그의 견해에 따르면 그는 아직 세례를 받은 적이 없었기 때문에 이는 **재세례**가 아니라 참된 기독교의 세례였다.

그는 또한 그와 함께 한 이들에게도 세례를 주었는데 많은 이들이 여기서부터 오늘날의 침례교가 탄생했다고 본다.

네덜란드에 있었던 스마이드의 교회는 청교도식의 칼빈주의 구원론을 폐기하고 네덜란드인 야코부스 알미니우스(Jacobus Arminius, 1560-1609)의 더욱 관대한 견해를 채택했다. 칼빈주의자들과는 다르게 알미니안주의자들은 하나님의 구원 손길을 인간이 받아들이거나 거부할 수 있는 "자유의지"가 있다고 믿었다. 그들은 하나님이 모든 인류를 선택하신 "일반 선택"(general election)이 있다고 믿었으며, 그래서 스마이드의 사람들을 후에는 "일반 침례교"(General Baptists)라 부르게 됐다.

세례는 회심 후에 오는 가입 예식으로서 자유로운 생각 끝에

하게 되는 그리스도를 향한 신앙의 책임이었다. 알미니안을 따르는 그들의 견해로 인해 침례교도들은 주로 예배를 인간을 향한 하나님의 활동이 아닌 하나님에 대한 인간의 반응으로 보았다. 세례는 하나님이 먼저 행하신 구원을 확증하는 "은혜의 방편"이 아니라 하나님에 대해 인간이 먼저 행하는 상징적 응답이다.

1638년 런던의 분리주의 교회는 유아 세례를 거부하였는데, 본질에서는 스마이드의 교회와 같은 이유 즉 세례는 신자들만이 받아야 한다는 것이 그 이유였다. 하지만 네덜란드의 재세례파와 교류하면서 그들 또한 죽음과 삶이라는 바울의 세례 이미지를 회복하게 됐다.[7]

그들은 재세례파의 완전 침수를 받아들였는데, 나중에는 거의 모든 침례교회가 수용하게 된다. 이러한 런던의 침례교는 특별 침례교(Particular Baptists)로 불리게 되는데, 이들이 칼빈주의 구원론을 고수했기 때문이다.

초기의 많은 침례교회에서는 최소 한 달에 한 번 주님의 만찬을 가졌는데, 성찬 전에 비회원들은 나가도록 했다. 그들의 성찬 신학은 완전히 쯔빙글리의 그것과 같았다. 빵과 포도주는 교역자나 집사들에 의해 회중석으로 전달됐다.

잉글랜드와 북해 연안 국가들로부터 다양한 그룹의 침례교도들이 미국으로 건너가 신앙의 자유를 즐겼으며, 그들은 미국인

---

[7] 제2장을 보라.

들의 종교 생활에 지대한 영향을 미쳤다.

이 혼란한 시기에 발생한 가장 급진적인 그룹 중의 하나는 퀘이커(Quakers) 혹은 형제회(Society of Friends)였다. 그들은 모든 "외형"을 제거했다. 모든 성례와 예식들, 심지어 예배에서 자신의 언어를 사용하는 것 조차도 하지 않았다. 조용한 가운데 하나님을 기다리며 완전한 성령 하나님의 인도하심에 온전히 자신을 열어두기 위해서였다. 퀘이커들은 설교와 길고 때로는 즉흥적인 기도에 의존한다는 점을 들어 청교도들이 여전히 "인간의 고안품"에 의존하고 있다고 보았다.

퀘이커 예배의 중심은 성경보다는 성령 하나님과 그분이 주시는 감동이었다. 이러한 입장 때문에 퀘이커의 인도자 조지 폭스(George Fox, 1624-1691)는 동료 청교도들뿐 아니라 국교도들에게도 박해를 받았다.

4. 요약

1662년 예식서는 20세기에 개정될 때까지 잉글랜드국교회의 예배 지침으로 이어졌다. 그 전의 모든 판과 마찬가지로 1662년 판도 설교보다 성찬을 강조하였으며 성경을 기본으로 하는 공동기도를 모든 것 위에 두었다. 하지만 실제 일요일 예배에서 잉글랜드국교회는 성찬 중심의 지역교회 예배 회복과 사람들이 참된 공동 예배에 참여하게 하는 데에 실패했다.

이후 두 세기에 걸쳐 잉글랜드의 예배는 길고 지루한 도덕 설교와 건조하고 장황하고 상상력이 결여된 비성례전적인 색채 없는 예전으로 특징지어진다. 이 건조하고 밋밋한 품위를 가진 수다스러운 잉글랜드 예배에 대해 현대 잉글랜드 시인이 통탄해하며 이렇게 시위했다.

> 바람 한 점 없는 북부의 파도, 갈매기의 외침, 불모의 언덕에 꽃핀 칼빈주의 교회. 나는 토스카나의 양치기인 지오토(Giotto)의 꿈, 그리스도, 인간, 피조물의 하루를 생각해 본다.
>
> 감히 어떻게 우리 인류는 그 형상, 창조되지 않으시고 성육신 하신 우리를 위해 이 형상과 모양을 택하신 그분을 배신할 수 있는가?
>
> 말씀이 육신이 되신 분은 다시 말씀이 되셨고, 말씀은 말씀이 되셨다 …. [8]

예전 개혁 운동에 대한 그들의 단점에서 불구하고 청교도는 많은 부분에 있어서 건조한 기존 예배를 생기 있게 만들기 위해 노력했다. 따뜻한 감정과 활기찬 교제 및 국교회에 부족했던 생

---

[8] Edwin Muir, "The Incarnate One," *Collected Poems* (New York: Oxford University Press, 1965), 228. Copyright ?1960 by Willa Muir. Reprinted by permission of Oxford University Press, Inc.

생한 설교를 위해 노력했다. 이러한 청교도들의 관심사는 회중주의자들과 침례교도들에 의해 신대륙으로 옮겨갔다. 그곳에서 그들은 뿌리를 내리고 미국 개신교 예배를 형성하는 영향력이 됐다.

개혁과 반개혁의 세기에 있었던 모든 신학적 논쟁들이 무엇을 의미하는지 이해하는 데에 실패하고 실망한 수많은 잉글랜드 국민은 안타깝게도 국교회나 청교도 모두를 열정적으로 받아들이지 않았다. 그리고 19세기가 끝나면서 그들은 일요일 예배에 활발히 참여하지 않게 됐다. 이는 예식서 자체가 가지고 있었던 단점 때문이라기보다는 그것이 도입된 방식에서 온 문제점이 가져다준 결과였다. 19세기까지 이어졌던 국교회 예배의 무기력함은 정치적 강압에 의한 예전 개혁의 비 효과성을 확연히 보여 준다.

제8장

합리주의, 경건주의, 부흥 운동: 종교개혁 이후

Rationalists, Pietists, and Revivalists:

After the Reformation

Rehoboth Methodist Church, Union, West Viginia

종교개혁 후 수 세기 동안 현대 세계는 교회의 예배와 대결하거나, 그것에 저항하거나, 아니면 그것을 포용해야 하는 현실을 맞닥뜨렸다.

종교개혁은 중세의 일부였을까?

아니면 현대 역사의 일부일까?

한편으로는 우리는 죄와 은혜, 그리스도의 주된 사역으로서의 속죄와 구속사역의 주된 부분인 고난을 강조하는 루터의 예전개혁이 어떻게 이전의 신학이 강조했던 점들을 계승했는지 보았다. 이러한 관점에서 볼 때 루터와 같은 개신교 종교개혁가들은 중세 당시 진행 중이었던 것들을 발전시켜 열매를 가져왔을 뿐이지, 그것들을 급진적 방식으로 변화시킨 것은 아니었다.

다른 한편으로 종교개혁은 신앙에 대한 새로운 불안 요소를 알려줬다. 교회가 가지고 있던 옛 성례 제도는 무너졌다. 세례와 주님의 만찬의 가치는 인정되었지만, 대부분의 개신교는 성례를 거룩한 은혜의 방편이 아닌 거룩한 약속에 대한 상징으로만 보았다. 대다수 개신교는 성령 하나님께서 목적에 따라 다른 방식들도 자유롭게 사용하신다고 주장했다.

하나님의 말씀을 읽고 들음을 통해 사람들은 믿음으로 인도된다. 그리스도의 임재는 공동체에 주시는 은혜의 방편을 통해 공동의 경험이 아닌 개인을 향한 직접적이고 개별적인 관계를 통해 경험이 됐다. 이러한 인본주의적, 개인화된 예배의 관점에서 종교개혁은 현대 세계와 그 가치의 일부였을뿐더러, 실상 그러한 세상을 조성하는 데에 일조했다.

종교개혁 후기의 예전적 발전은 종교개혁 당시 이미 탄생하였던 생각들의 논리적 정점을 이룬 결과였다. 마침내 종교개혁의 예전적 취약점은 개신교의 치명적 결점이 됐다. 개신교에 대한 반종교개혁의 반응은 냉랭해졌다. 현대 과학과 철학의 등장, 새로운 세상에서의 완전히 달라진 삶의 환경들과 옛 정치체제의 붕괴는 유럽 기독교인들의 문화적 정황을 상당 부분 바꾸었는데, 문화의 변화는 다시 기독교 예배에 지대한 영향을 미쳤다.

1. 유럽의 발전

유럽 종교계에 거의 진출하지 못했던 유럽 자유교회가 결국 대부분의 유럽 개신교 예배에서 지배적 요소가 됐다는 사실은 예전 역사를 볼 때 특이한 일이었다. 루터파, 개혁주의, 잉글랜드 국교회로부터 격렬한 박해를 받았음에도 18-19세기에 들어서는 자유교회 예배 사상이 스칸디나비아 루터파를 제외하고는 많은 루터파와 개혁교회를 주도했다.

쯔빙글리와 칼빈에 의해 기도와 성경을 중심으로 **예전적** 설교를 담아냈던 예배가 이제 **자유로운** 설교를 하게 됐다. 설교는 예배에 있어 기본이었고, 지배적인 요소였는데, 길었다. 설교 전후로는 즉흥적인 기도가 있었다. 회중의 참여는 노래하는 것으로 제한됐다.

개혁교회에서는 운율 시편을, 루터교회에서는 독일 찬송을 불렀다. 이들 교회는 세례와 주님의 만찬의 규정된 순서를 계속 사용했는데 성례는 아주 가끔만 집례됐다.

그들이 사용해왔던 기도, 성경 봉독, 기도, 설교, 기도라는 익숙한 순서에서 성례 집례를 위한 고정된 '예전적' 순서로 돌아셨을 때 이 어색한 성례전적 예전은 회중이 성례에 대해 가지고 있던 인상, 즉 성례는 평범한 것이며 동시에 그 전통은 이질적이라는 생각을 강화해 줄 뿐이었다. 주님의 만찬이 집례될 때 그것은 곧 마치 쯔빙글리 추종자들이나 자유교회에서 그랬던 것처럼 '공식적인' 일요일 예배 설교의 부록과도 같이 되어 버렸다.

왜 루터교회와 개혁교회는 그들의 설립자의 원래 의도와 그들의 유산을 버리고 자유교회 예배 형식을 가져왔을까?

많은 요소를 말할 수 있을 것이다. 예배가 "의로운 행위"로 퇴색함에 대한 어마어마한 두려움을 가진 개신교도들이 예배를 오직 교훈과 도덕적인, 혹은 영적인 강화의 관점에서 보도록 했다.

기나긴 설교의 기능은 정확한 교리와 도덕적 문제들에 대해 사람들을 교훈하는 것이었다. 예배에서 명확하고 합리적인 단어들을 사용하도록 교육적 강조를 하였는데, 이는 교육과 언어적 소통을 중시했던 신계몽주의 사조와 짝을 이루었다. 예배에 개인주의를 강조함으로 자본주의 정신과 새로운 민주주의 및 평등 사상의 발흥에 보조를 맞추었다.

환언하면, 유럽의 많은 예전적 개신교회들이 자유교회로 변한 것에 대한 원인은 재세례파, 청교도, 혹은 16세기 독립교단들의 영향이 아니었다. 이러한 그룹들은 대부분 미국으로 이주했다. 유럽의 경우 새로운 철학과 문화적 움직임들이 결정적 요인이었다.

2. 합리주의

과학과 철학에서의 발견들은 18세기의 지적인 삶을 특정 짓는 계몽주의를 비롯한 사고의 움직임을 가속했다. 계몽주의는 삶의 전 영역에 걸쳐 이성의 규칙을 적용하고자 하였는데, 종교도 예외는 아니었다. 우리는 이미 더욱 급진적인 개혁가들이 가졌던 성례에 대한 견해를 통해 이러한 계몽주의의 경향에 대해 살펴보았다.

아이작 뉴턴(Issac Newton, 1642-1727)의 이론들은 법칙과 예측 가능한 패턴에 따라 움직이는 세계를 보여 줬다. 존 로크(John Locke, 1632-1704)는 합리성을 진리와 도덕의 최종 결정자로 보면서 종교에서도 가장 중요한 요소로 강조했다.

과거의 치열했던 종교 전쟁의 잔혹함이 가져다준 환멸, 많은 개신교가 보여준 편협하고 안이한 성경주의와 로마 가톨릭이 공식적으로 표했던 반지성주의적 반응에 대한 저항 등은 합리주의가 종교계로 확산하는 데에 일조했다. 종교와 관련된 투쟁과 유혈 사태 이후 합리주의자들은 '원시적 열정'보다는 온건하고, 균형 잡힌, 분명한 근거가 있는 가르침을 따르는 신앙을 추구하게 됐다.

합리주의는 이신론자(Deists)들이 종교를 미신과 편협함으로부터 해방해 준 단순한 이성적 원칙 정도로 축소하려고 했던 당시 잉글랜드에 거대한 반향을 일으켰다. 이신론자들은 그리스도인들이 가치 있게 생각하는 모든 것은 이성을 사용할 때 유용해진다고 주장했다. 불확실하거나 증명과 이성의 범위를 넘어선 것들은 모두 단순히 미신일 뿐이었다.

기적은 기독교의 진리에 대한 실제 증거가 될 수 없으며, 신앙에 불필요한 것일 뿐 아니라 창조주께서 완벽한 솜씨로 제자리에 두신 자연 질서를 욕되게 하는 것이다.

균형 잡히고, 기술적이며, 거룩하게 명령받은 우주라는 로크의 이상으로부터 영감을 받아 많은 합리주의자는 창조 자체를 하나님을 믿는 신앙의 타당성에 대한 정연하고 증명 가능한 증거로 보았다. 조셉 에디슨(Joseph Addison, 1672-1719)은 이 새로운 자연법 신학을 시로 표현했는데, 당시 유명한 찬송이 됐다.

> 저 높고 푸른 하늘과 수 없는 빛난 별들을
> 지으신 이는 창조주 그 솜씨 크고 크셔라
> 날마다 뜨는 저 태양 하나님 크신 권능을
> 만백성 모두 보라고 만방에 두루 비치네
> 엄숙한 침묵 속에서 뭇 별이 제 길 따르며
> 지구를 싸고돌 때 들리는 소리 없어도
> 내 마음 귀가 열리면 그 말씀 밝히 들리네!
> 우리를 지어내신 이 대주재 성부 하나님.[1]

---

[1] 찬송가 78장 1절과 3절 가사다 – 역주.

하지만 "이성의 귀"[2]만을 만족시키고 신비와 종교적 감정을 무시하는 이신론(Deism)은 단순히 신앙의 눈으로 보자면 한낱 냉담한 무신론에 불과했다. 이신론의 유행은 일반적으로 잉글랜드 상류층과 유럽의 몇몇 나라의 식자들에 한정된 것이었다. 북미의 잉글랜드 식민지에서 벤자민 프랭클린(Benjamin Franklin, 1706-1790)과 토마스 제퍼슨(Thomas Jefferson, 1743-1826)이 대표적인 이신론자들이었다.

계몽주의의 또 다른 산물이었던 잉글랜드 유니테리언이 사상의 새로운 자유와 오직 이성만을 고수하면서 18세기 잉글랜드 장로교회를 휩쓸고 지나갔다. 굉장히 완화된 형태의 유니테리어니즘은 당시 보편적이었던 이성주의 경향의 일부로 뉴 잉글랜드에 지대한 영향을 줬다.

합리주의자들 사이에서는 교회의 전통이나 공동체의 경험보다는 개인의 양심이 종교적 진리의 최종 관문이었다. 합리주의자들은 일반적으로 예전이나 성례, 혹은 특별한 규례들을 비이성적이고 미신이 지배하던 과거에서 온 시대에 뒤떨어진 유물이라고 무시했다.

예배 순서 중 그들에게 유일하게 가치 있었던 시간은 설교였다. 설교는 그들에게 사상을 심어주는 도구이자 동시에 기독교

---

[2] 조셉 에디슨의 시 7연에 나오는 "내 마음 귀"는 이성의 귀(reason's ear)를 의역한 것이다 – 역주.

의 타당성과 보편 윤리의 지속적 진리를 합리적으로 비추어주는 도구였다.

3. 경건주의

독일에서 있었던 격렬한 정치적 신학적 논쟁의 기간 루터파의 신앙은 엄격한 지적 순응을 요구하는 고정되고 교의적이며 고백적인 이해로 굳어졌다. 루터파 내부의 '이단'과의 싸움에서 '정통' 루터파는 루터가 가르쳤던 하나님과 신자 사이의 필수적 관계보다는 그리스도인의 삶의 기초로서의 순수한 교리의 고수를 강조했다.

회중의 임무는 이러한 교리적 진술들을 이해하고 받아들이는 것이었다. 루터교회도 찬송을 부르고 그것을 가치 있는 것으로 여기긴 했으나, 보편적인 경향은 건조한 개신교 스콜라주의를 향해 가고 있었다.

경건주의는 이러한 스콜라주의 경향을 깨고 들어와서 그리스도인들의 경험에 나타나는 감정의 우월성을 주장하고, 교회의 생활을 형성하는 데에 있어 평신도들의 역할을 회복시켰으며, 세상에 맞선 엄격한 금욕주의적 자세를 강조했다. 이런 점에서 경건주의는 당시의 합리주의와 대립했다.

필립 슈페너(Philipp Jacob Spener, 1635-1705) 같은 경건주의자들

은 교리상 내리는 정의들과 신앙고백을 비난하면서 개인적 도덕과 영성을 높이 샀다. 프랭크퍼트(Frankfort)에 있는 그의 집에서 슈페너 목사는 마음을 같이 하는 사람들과 모여 개인의 영적 생활을 깊게 하기 위한 목적으로 성경을 읽고, 기도하며, 일요일에 들었던 설교에 대해 의논했다. 그는 자기 책 『경건한 열망』(*Pia Desideria*)에서 전체 회중 모임 외에도 상호 간의 영적인 교훈과 격려를 위해 모이는 소그룹 형태의 모임을 제안했다.

이런 교회 안의 작은 교회(*ecclesiola in ecclesia*)라는 개념은 지금은 잊혀졌으나 사실 루터교회에서 항상 있었던 것으로, 모든 신자가 사역에 참여할 것과 종교의 경험적 지식을 위한 교리적 논쟁에서 벗어날 것을 강조한다.

경건주의자들은 신앙 생활에 매우 필요한 요소들을 회복시켜 줬다. 그러나 그들은 공예배보다 개인 기도와 성경 읽기를 먼저 두게 하는 데에도 영향을 줬다. 경건주의자들에 의해 일요일 예배는 개개인 신자들의 종교 여정에 도움을 주는 심리적 경험 정도로 여겨졌다. 슈페너의 만류에도 불구하고 그의 제자 중 일부는 교회 예배와 성례를 아예 떠나기도 했다.

경건주의자들은 또한 하나님 나라에 들어가는 유일한 보편적 방법으로의 개인적이고 지각 가능한 경험적(experimental) 회심 체험을 강조하였는데, 이러한 믿음은 때때로 반지성주의, 혹은 경건주의적 방식의 회심을 경험하는 데 실패한 이들에 대한 정죄로 이어졌다. 경건주의 예배는 참여자들의 감정적 상태를 생산하기 위해 설정된 것처럼 보이기도 했다.

독일 경건주의의 주목할 만한 열매 중 하나는 모라비안(Moravians)이었다. 그들은 경건한 분리주의자들로 그들의 선교적 열정과 찬송가는 익히 잘 알려져 있다. 모라비안이 예전에 행한 중요한 공헌으로 '애찬'(love feast)이 있는데, 공동 예배 중 한 순서로, 이상적인 교제, 따뜻한 느낌, 찬송이라는 모라비안식의 경건주의를 강조하는 기쁨의 식사였다.

4. 감리교와 잉글랜드국교회 복음주의

잉글랜드국교회는 합리주의의 도전으로 조각나고, 하층민들에게는 버림받고, 이전 세대의 종교 분쟁 때문에 소멸하여 시대의 요구에 부응할 수 없는 영적 무기력과 함께 18세기를 맞이했다. 산업혁명 전야의 잉글랜드는 문맹, 술 문제, 불평등한 사법제도, 불결한 도시, 빈부격차 등 사회악이 만연해 있었다.

18세기 초, 고립된 개인들은 당시 유행하던 경건을 추구했다. 윌리엄 로(william Law, 1686-1761)는 『경건한 삶을 위한 부르심』(Serious Call to a Devout and Holy Life, 1728)이라는 책을 통해 쇠약해지는 이신론의 영향에 응답했다. 1690년부터 1720년까지 "기쁘다 구주 오셨네"(Joy to the World)나 "주 달려 죽은 십자가"(When I Survey the Wondrous Cross) 같은 유명한 곡들을 포함해 생기 넘치고 부르기 쉬운 찬송가들을 많이 만든 회중주의자 와이작 왓츠(Isaac Watts, 1674-1748)는 그리스도인들이 다윗의 시편보다 더 나은 노래를 만들 수 없다던 크랜머의 말에 도전했다. 왓츠는 잉글랜드국교회 찬송에 혁명을 불러일으켰고, 잉글랜드 자유교회 예배에 있어서 회중 찬송이 그 중심에 있음을 확인시켜 줬다.

윌리엄 로나 왓츠와 같은 개인의 노력뿐 아니라 종교적 개선을 위한 공동체적 노력도 있었다. 그것은 상호 간의 의식 고양, 빈번한 성찬, 공부, 사회적 활동을 위해 함께 모인 경건한 그리스도인들의 소그룹인 "종교적 모임"(religious societies)같은 형태로 나타났다.

이 같은 개선의 노력은 대부분 산발적이었고 지역적인 활동에 그쳤기에 큰 영향을 주지는 못했다. 하지만 잉글랜드 종교 생활에 거대한 변혁이 만들어지고 있었으니, 모든 잉글랜드 국민의 종교적 삶에 영향을 줄 거대한 움직임이었던 복음주의 부흥(the Evangelical Revival)이었다.

부흥은 1700년대 중반 잉글랜드와 스코틀랜드 전역의 벽지에서 시작됐다. 하지만 부흥이 강력해진 것은 존 웨슬리(John Wesley, 1703-1791), 찰스 웨슬리(Charles Wesley, 1707-1788) 형제와 조지 휫필드(George Whitefield, 1714-1770)의 출현 이후였다.

웨슬리 형제는 자유교회와 잉글랜드국교회 모두를 그 뿌리로 가지고 있다. 그들의 조상들은 1662년 쫓겨난 비국교도들이었다. 하지만 그들의 아버지인 사무엘 웨슬리(Samuel Wesley, 1662-

1735)는 지역 목사였고, 놀라운 능력의 어머니였던 수잔나 웨슬리(Susanna Wesley, 1669-1742)는 헌신된 잉글랜드 국교도였다.

먼저는 존과 그다음 찰스가 뒤이어 옥스퍼드대학교에서 주는 장학금을 받았다. 1729년에 찰스 웨슬리는 경건한 옥스퍼드 학생들의 소그룹에 경건서적 독서와 빈번한 성찬을 목적으로 하는 클럽을 설립하는 일에 함께했다.

연장자였던 존이 곧 그 클럽의 리더가 됐다. 존의 지도로 그들은 윌리엄 로의 이상이었던 성별된 삶을 연습해 나갔다. 그들은 지역 제소자들을 위한 사회봉사를 고교회파(High Church Anglicanism)와 접목했다. 그들은 또한 새로운 학생인 조지 휫필드를 받아들인다. 이들을 조롱했던 학생들은 이들을 규칙주의자라는 뜻으로 메도디스트(Methodist, 후에 감리교인)라고 불렀는데, 그들이 영적인 규율에 대해 엄격했기 때문이었다.

그러나 그 클럽은 옥스퍼드에 큰 영향을 주지는 못했다. 결국, 구성원들은 각자의 길로 헤어졌다. 자신의 영적 안전에 대한 의심과 혼란으로 가득 찼던 존은 찰스와 함께 1735년 식민지 주민들과 원주민들을 위한 선교사로서 새로운 식민지 조지아주(Georgia)를 향해 항해하게 된다. 웨슬리 형제의 사역만으로 보자면 조지아에서의 체류 기간은 실망스러웠다. 찰스는 싫증이 나서 고향으로 돌아왔고, 존의 치밀한 고교회자로서의 품격은 조지아의 필요에는 어울리지 않는 것이었다. 1738년, 존은 자신의 무능함에 크게 실망한 채 잉글랜드로 귀국했다.

조지아주에서의 경험에서 존에게 긍정적이었던 것 중 하나는 모라비안과의 만남이었다. 존은 그들의 깊은 체험적 경건과 그들의 구원의 확신에 크게 감명을 받았다. 구원의 확신은 존에게는 결여된 것이었다.

하지만 1738년 봄 그의 동생 찰스가 모라비안 식의 즉각적인 "회심"을 경험하고 불과 며칠 뒤, 존 역시 런던 올더스게이트 (Aldersgate)가에서 있었던 종교 모임에 참석하는 동안 그의 마음이 '이상하게 뜨거운' 것을 느꼈다. 종국에 가서 존은 모라비안의 당파주의와 주관주의를 비판하면서 그들과 결별했으나 그의 인생을 결정적으로 바꾼 결심을 하도록 도운 것에 대해서는 그들에게 평생의 빚을 지고 있음을 인정했다.

웨슬리 형제는 이제 하나님의 사랑에 대한 개인적 경험을 기쁨의 복음 메시지에 담아 설교했다. 그러나 국교회의 많은 교역자들이 그들의 '열정'을 정죄하자, 그들은 런던 내의 혹은 런던 근교의 작은 공동체에서만 설교했다.

조지 휫필드는 존이 옥외에서 대중에게 설교하도록 연결해 줬다. 웨슬리 형제와 휫필드가 잉글랜드 전역을 돌면서 행한 이러한 옥외 설교는 주로 기존 종교에서 소외감을 느끼는 사람들을 위한 것이었는데, 듣는 모든 이들에게 하나님의 사랑에 대한 신선한 메시지를 전함으로 엄청난 반향을 일으켰다.

하지만 부흥은 존의 탁월한 조직 관리 기술이 아니었다면 그저 단발적인 감정의 발산으로 끝났을 수도 있었다. 그는 잉글랜드국교회 내 평신도 운동을 위한 "단체들"을 조직했다. 존의 순회 "평신도 설교자"들의 양육을 받아 이러한 단체들은 기존 예배 외에 추가적인 소그룹 예배, 규례, "회심"을 위한 활동을 제공하였으며 사회 활동도 하였는데 모든 일을 기존 교회들의 현장에서 함께 했다.

한편으로 복음적 회심의 필요에 대한 그들의 새로운 확신을 강조하면서도 웨슬리 형제는 『공동예식서』와 성례에 대한 중요성 또한 단체들에게 가르쳤다. 미국 감리교회가 웨슬리에게 예배 규정들에 대해 문의를 했을 때 그는 『공동예식서』를 조금 수정하여 그의 "불쌍한 광야의 양 떼들"에게 보내면서 "이보다 더 굳건하고 성경적이며 합리적인 경건으로 가득 찬" 예전은 알지 못한다고 했다. 하지만 예식서는 미국의 종교적 필요에 부합하는 것이 아니어서 대부분의 미국 감리교회는 그것을 무시하며 자유교회 예배 방식을 채택했다.

빈번한 성찬의 필요성을 강조하는 면에 있어서 웨슬리 형제는 동시대의 잉글랜드국교회를 훨씬 능가했다. 지난 장에서 보았듯이 대부분의 국교회 소속 교회들은 성찬을 거의 시행하지 않았다. 존 웨슬리 자신도 평균 일주일에 두 번 성찬을 받았으며, 그의 감리교회에도 자주 성찬을 받을 것을 권면했다.

웨슬리 형제는 칼빈주의 교리인 성찬에서의 실재적 임재와 두 개의 성례가 그리스도인의 삶의 중심이라는 고교회파의 견해를 받아들였다. 웨슬리 형제의 성찬신학은 아마 찰스 웨슬리가 만든 성찬을 위한 찬송집인 "주님의 만찬에 부르는 찬송"(Hymns on the Lord's Supper)에 가장 잘 표현되어 있을 것이다. 이 찬송집은 감리교 성찬이 기쁨과 복음적인 성격을 가지도록 해 준 웨슬리 형제의 특별한 공헌이었다.

> 오! 거룩하신 사랑의 깊이란
> 이해할 수 없는 은혜로다
> 이 빵과 포도주에 대해서는 어떻게 말할 수 있을까?
> 하나님을 인간에게 모셔오다니!
> 어떻게 빵이 그분의 육체를 주며
> 어떻게 포도주가 그분의 피를 전해 주는지
> 신실한 성도의 마음을
> 하나님의 모든 생명으로 채워주시는 도다

존 웨슬리는 주님의 만찬을 복음적 사건으로 보았다. 그가 모라비안과 헤어진 이유 중 하나는 그들 중 어떤 이들이 만약 누군가 자신의 신앙에 대해 확신하지 못한다면 그는 성례에서부터 스스로 제외되어 하나님께서 종교적 소망을 새롭게 하실 때까지 조용히 기다려야 한다고 주장했기 때문이다.

이러한 '정적'(quietest)의 견해에 대해 웨슬리는 성찬은 "칭의를 위한 것이면서 동시에 성화를 위한 예식"이라고 주장했다. 요컨대, 확신이 없는 개인도 성례에 참여함으로써 진정한 믿음으로 변할 수 있다는 것이다. "정직한 구도자들"은 웨슬리의 성찬에서 언제나 환영받았다.

국교회의 유산을 이어받은 웨슬리 형제는 세례에 새로운 요소를 도입하였는데, 이는 훗날 웨슬리의 후예들뿐 아니라 전체 개신교의 세례에 있어 문젯거리가 됐다. 국교회의 뿌리에 충실하게 존 웨슬리는 유아들의 세례를 통한 중생을 믿었다. 그러나 그 자신의 경험 때문에 웨슬리는 성인이 된 후의 복음적 회심 체험도 확신했다.

웨슬리는 회심을 세례 후 발생하는 일종의 갱신, 혹은 재각성의 사건으로 이해한 듯 보인다. 하지만 그는 훗날 감리교회가 선행된 세례를 희생시키면서까지 성인이 된 이후의 회심을 높이 사는 경향이 생 기도록 성인 시기의 회심을 너무나 강조했다.

만약 세례가 한 사람의 구원을 완성하기 위해 이후의 복음적 회심과 같은 다른 것을 필요로 한다면, 어떻게 세례가 효과를 가진다 할 수 있겠는가?

웨슬리는 양 측면을 모두 고려하였지만, 훗날 감리교는 그것을 계승하지 않았다. 그들은 세례, 특히 유아 세례를 개인을 향한 하나님의 사역의 첫 번째 국면, 즉 더욱 중요한 복음적 '회심'에 의해 완성되어야 하는 첫 번째 단계로 묘사했다.

이러한 견해는 중세가 독립된 예식으로서의 견진성사의 필요성을 강조했던 것과 마찬가지의 영향을 세례 신학에 미쳤다. 이는 그리스도인이 되는 입문 과정 중에 있는 다른 요소들과의 단절을 의미하는 것이었으며, 세례는 그리스도인에게 중대하고 충분히 영향력 있는 표가 아니라고 말하는 것과 같았다.

잉글랜드국교회의 갱신을 위한 도구로 그의 단체들이 힘을 발휘하는 것이 존 웨슬리의 평생 소망이었는데, 감리교 단체들이 성장하고 평신도 설교자들의 수가 늘어감에 따라 그들에게 성례를 집례할 권위를 주어야 한다는 압박이 생기기 시작했다.

처음에 웨슬리는 거부했으나 마침내는 두 손을 들고 말았다. 주교로 임명받은 이들은, 특히 감리교가 급속도로 성장하는 미국에서 더욱 부족했다. 그리고 성찬이 중심이 되어야 한다는 감리교의 확신이 그가 불가피하게 결정을 내리도록 했다. 웨슬리 형제가 사망할 즈음에, 감리교는 완전히 새로운 교회가 됐다. 웨슬리 형제는 잉글랜드국교회의 사제로 생을 마감했다.

웨슬리 형제와 그들이 주도했던 종교적 부흥은 잉글랜드국교회 내에 머무르고 있으면서도 그를 추종하는 많은 이들을 양산해 내었다. 국교회 복음주의는 웨슬리 형제가 강조했던 확신 있는 믿음, 회심, 도덕적 정직성을 지지했다. 이들 복음주의자 중 대부분은 존 웨슬리보다는 칼빈주의를 따르면서 성례전적 예배에 그리 큰 강조를 두지는 않는 경향이 있었지만, 그들의 운동은 많은 국교회 성도들에게 새로운 열정과 활기를 가져다줬다.

5. 미국 대각성 운동

18세기 일어났던 잉글랜드의 부흥에 대응하는 미국의 그것은 1720년대에 시작되었던 '대각성 운동'(the Great Awakening)이다. 관습적 형태의 기독교 활동으로는 미국이라는 지역의 특별한 종교적 필요를 채우지 못한다는 사실이 공론화됐다. 합리주의가 퍼져나가는 기간에 대각성 운동은 교회와 신앙에 입문하는 보편적 방법으로 변혁적이며 갱생을 추구하는 변화인 '회심'의 필요를 강조했다.

회중주의 목사인 조나단 에드워즈(Jonathan Edwards, 1703-1758)는 매사추세츠에 있는 그의 교회에 일어난 "하나님의 일의 놀라운 징후"를 기록했다. 조지 횟필드는 많은 공동체를 변화시킨 일련의 설교들로 대륙을 휩쓸었다.

감리교 운동이 1760년 미국에 다다랐을 때는 웨슬리식의 체험적이고 복음적인 종교를 수용할 만한 청중들이 이미 많이 있었다. 특별히 감리교나 침례교와 같은 그룹들이 교회 정치, 교리, 기질상 대각성 운동에서부터 생성된 열정의 유익을 누리기에 유리했다.

'제1차 대각성 운동'이 끝나고 미국독립 혁명이 시작되자 감리교, 침례교, 장로교같이 자발적이고 복음적인 자유교회들은 계속되는 "각성"과 부흥으로 시작된 교회 성장의 엄청난 한 세기를 맞이하게 된다. 19세기가 시작될 때만 해도 미국 인구 중

10% 이하만이 교회의 멤버였다. 엄청나게 많은, 그러면서 그 수가 급속도로 증가하는 비교인들을 보고 미국 교회들은 당연히 회심자를 만드는 일에 몰두했다.

18세기 말엽 뉴 잉글랜드에서 '제2차 대각성 운동'이 시작됐다. 운동은 그곳에서부터 미국 중부 대서양 연안의 주들과 남부 및 켄터키와 같은 변경에 있는 주들로 이어졌는데, 켄터키 주는 부흥에서 가장 감정적인 징후들이 일어날 곳이었다.

1801년 8월 켄터키주 케인 리지(Cane Ridge)에서 가장 유명한 변경천막집회(frontier camp meeting) 중 하나가 열렸다. 이곳에서 대략 1만에서 2만 5천 명으로 추정되는 사람들이 "오순절 이후 가장 강력한 성령님의 부어 주심"이라고 표현된 부흥에 참여했다.

케인 리지 집회의 주최자였던 바톤 스톤(Barton Stone, 1772-1844)이라는 이름의 장로교 목사는 복음을 들은 수백 명의 사람들이 다양한 신체적 동요를 일으켰는데, 그의 표현에 따르면 "경련," "춤추는 현상," "짖는 현상"들이 있었다.

스톤 목사는 "당시 많은 기행(eccentricity)과 광신적 요소들이 이 흥분 사태에 있었다"는 것을 인정하면서도 "좋은 영향들이 있었고 모든 이웃들이 그것을 인정하였다"라고 전했다. 몇몇 비평가들은 부흥 집회에 참여하기 위해 천막을 치고 지냈던 거친 변경의 주민들에 대해 "구원받은 영혼보다 더 많은 영혼이 생겨났다"라고 꼬집었지만, 케인 리지는 부흥주의가 부흥되는 상징이었다. 설교와 찬양이 부흥에 있어서 가장 중요한 요소들이었다.

제8장 합리주의, 경건주의, 부흥 운동: 종교개혁 이후   179

복음주의자들의 메시지는 단순했다.

회개하여 구원을 받으라.

복음주의자들의 목표는 잃어버린 영혼의 구원에 맞춰져 있었기에 구원받은 자들에 대한 양육적인 측면을 다루지 못했다는 한계가 있었다. 예배는 오랜 시간 신앙을 지속시키는 것이 아닌 신앙의 첫걸음을 떼게 하는 데에 초점을 두었다.

"현대 부흥주의의 아버지"로 불리는 찰스 피니(Charles Grandison Finney, 1792-1875)는 대각성이 만들어 낸 열매였다. 피니의 직업은 변호사였는데 1821년 "예수 그리스도께서 그의 소송에 대한 수임료"를 지불하신 것과 같은 영혼이 흔들리는 회심을 경험하게 된다.

정규 신학 교육을 거부한 채 피니는 뉴욕 주 북부에서 일련의 화려한 복음 집회를 시작했다. '새로운 방식'(new measures)을 주장하면서 그는 '결단의 자리'(anxious bench)와 같은 혁신들을 고안했는데, 이는 많은 군중 중에서 거의 구원된 자들을 골라 그들이 기도와 설교에 더욱 집중할 수 있도록 해 주는 장치였다. 그는 여성들의 침묵을 요구하며 고린도전서 14:34[3]을 인용하는 사

---

[3] 여자는 교회에서 잠잠 하라 그들에게는 말하는 것을 허락함이 없나니 율법에 이른 것 같이 오직 복종할 것이요(고전 14:34) - 역주.

람들의 비판에도 불구하고 여성들이 공적 모임에서 간증할 수 있도록 했다. 그는 직접적이고 반항적이면서도 쉬운 언어로 설교했다.

기존 교회의 일요일 예배 시간 대신 그는 일주일에 한 번, 혹은 그 이상 가지는 "부흥전도집회"(protracted meetings)를 도입했다. 부흥 집회를 위해 어느 도시에 가기 전에 그는 사전 작업으로 대대적인 홍보와 더불어 팀을 조직했다. 자신에 대해 고의로 감정을 조작한다고 비판하는 자들에 대해 피니는 "부흥은 기적이 아"니라 "이미 있는 방법들을 정당하게 사용한 순수한 철학적, 과학적 결과다"라고 항변했다.

부흥 운동은 미국 개신교에 한 가지 지대한 "예전적" 공헌을 했다. 요컨대 그것은 어마어마한 수의 비교인 문제에 대한 창조적 대안이었고, 거칠고 젊고 역동적인 나라의 필요에 안성맞춤이었다. 기존의 조심스럽고 보수적인 교회들이 다가가지 못했던 이들에게 최선을 다해 복음을 단순하고 직설적으로 전해 줬다.

노래와 찬송은 활기차고 부르기에 쉬웠으며 매력적이었다. 대부분의 흑인 교회들이 부흥의 시기에 탄생했다. 흑인 목사의 예언자적 설교와 소망을 담은 영가로 인해 박해 가운데에서도 흑인들은 희망과 투지를 가지게 됐다. 백인교회들에 있어 부흥주의는 남북전쟁 전 사회 개혁 운동의 핵심 요소였고, 열정적인 부흥의 생명력이 가져다준 사회적 결과물이었다.

부흥의 시기에 탄생한 흥미로운 개신교 단체 중 하나는 '제자회'(Disciples of Christ)였다. 미국 개신교가 파당 싸움으로 인해 골머리를 앓고 있을 때, 제자회는 그러한 분열은 단순하고 기본적인 그리스도인 됨의 요구에 추가된 "인간적 견해들"에서부터 연유하는 것으로 결론을 내렸다.

그들은 성경이 금하는 모든 것을 금하기로 다짐했다. 이러한 다짐을 개혁을 위한 그들의 인도 지침으로 삼아 신앙고백, 성례, 유아 세례를 없애버렸다. 하지만 주님의 만찬이 기독교 예배의 핵심이라는 사실을 인지하도록 성경 말씀이 그들을 인도해 줬다. 그들의 지침은 매주 주님의 만찬을 시행하는 것으로 바뀌었다. 대부분 자유교회 전통의 미국 개신교에서 주님의 만찬이 약화하고 있을 때였기에 이는 이례적인 일이었다.

부흥주의에 약점이 없었던 것은 아니다. 이 약점은 19세기가 끝나기 전 미국의 개신교회들에게 치명적으로 나타났다. 단순하고 직설적이며 진심 어린 신앙을 강조했던 부흥에 사용된 노래들은 많은 경우 감상적이며 주관적인 종교로 인도했다.

한때 순회 복음 전도자들과 그들의 운동으로 인해 제도화되었던 피니의 '새로운 방식'은 이제 많은 이들의 마음속에 인위적 유도, 정서적 착취, 단순함, 짧은 생명력과 동의어로 남게 됐다.

"강단으로 나와 구원을 받으라"고 열정 가득한 요청을 함으로 마무리되던 설교가 예배의 핵심이었는데, 이 정점은 부흥 집회뿐 아니라 일요일 예배에서 마찬가지였고 이 최고의 목표 외에 예배의 다른 활동들은 모두 단지 '부수적인 것'에 지나지 않았다.

세례와 주님의 만찬은 최고의 "성례"인 설교 뒷자리로 밀려났다. 설교가 성경 전체를 다루어야 한다는 원칙에서는 끔찍하리만큼 형편없었다. 기도는 복음 전도자의 목표를 이루는 또 하나의 도구에 불과했다. '목회 기도'는 기도를 통해 백성들을 하나님께 인도하는 목회적 방편이 아닌 '눈을 감고 듣는 짧은 설교'로 변했다. 예배는 그 자체로 목적이 아니라 목적으로 이끌어 주는 수단이 됐다.

　　대부분의 미국 개신교회들이 몇 개의 같은 본문들만을 반복하여 살피는 미국식의 설교를 이어가자 예배의 초월적 요소는 인간 중심의 예배로 대체됐다.

　　예배자들이 하나님에게 집중하도록 돕는 것이 아니라, 그들에게 동기를 부여하고, 자극하고, 정죄했다가, 마음을 달래주기도 하고, 영적으로 고무시키거나 즐겁게 해 주는 목적으로 구성된 설교자와 성가대가 조화를 이룬 공연과 다름없었다.

제9장

낭만주의, 복고주의, 개혁주의: 예전 운동

Romanticists, Revivalists, and Reformers:
The Liturgical Movement

Plymouth Church of the Pilgrims, Brooklyn, New York

19세기는 복고(revival)의 시대였다. 유럽에서는 빅토리아식 건축의 호화로운 난잡함이 이보다 더 심각한 고딕 양식의 복고로 이어졌다. 계몽주의에 빠진 도시 이성주의는 사치스러운 낭만주의로 이어졌다. 종교적 부흥(revival)은 19세기 후반 개신교의 십자가 정신을 발전시키며 미국의 변경을 휩쓸었다.

19세기의 이러한 많은 복고 열풍은 20세기에 와서는 혁명이 됐다. 성숙한 옛것을 완전히 새로운 것으로 되살리기 위한 노력이 기독교 예배에서도 시작됐다. 예전 운동(Liturgical Movement)이 이러한 현상의 좋은 예시다.

1. 로마 가톨릭의 예전 운동

1832년, 프랑스의 사제였던 프로스페르 게랑제(Prosper Guéranger, 1805-1875)가 소수의 열정적인 사제들 및 평신도들과 함께 솔렘수도원(Solesmes)의 축축하고 폐허가 되어 버려진 소수도원(priory)에서 수도원 생활을 시작했다.

19세기의 특별한 산물인 수도승, 수도원, 폐허가 된 고딕 건물, 이런 것들은 많은 낭만주의자를 매혹하는 것이었다. 하지만 게랑제는 한 폭의 그림과 같은 과거로의 도피 그 이상을 추구했다. 그의 고향 프랑스의 비도덕성과 문화적 무능력 및 교회의 태만에 대해서 무관심한 세속 사람들에게 환멸을 느낀 게랑제는 세속 사회를 복음화시킬 미사 중심의 활성화된 기독교 기관을 발전시켜 나갔다.

문명을 소생시킨 수도원의 역사적 능력은 게랑제를 원시 수도원주의에 빠지게 만들었다. 그가 보기에 수도사들이 살았던 6세기의 사회적 상황인 무질서, 야만성, 죽어가는 문화는 그가 살고

있었던 19세기 프랑스의 상황과 별반 다를 것이 없었다.[1]

게랑제가 볼 때 근대에 있어서 대죄(cardinal sin)는 '독립주의'와 '개인주의'였다. 성무일과는 사제의 개인 경건을 위한 기계적 책무로 변질됐다. 공동 예배는 성도들의 삶에서 그다지 중요한 부분이 아니었다. 프랑스를 비롯한 많은 나라의 평균 가톨릭 신자는 완전히 예전 외적인 요소들을 그 중심에 두고 있었으며, 그들의 신앙 생활은 주관적 신앙, 개인적 신앙으로 특징지을 수 있었다.

게랑제의 수도원 공동체는 예전이 개개인을 공동체로 형성해 준다는 사실을 시험해 보고자 했다. 솔렘수도원의 중심은 미사였다. 예식과 음악은 그 아름다움이 예전의 힘과 신앙의 활기에 대한 공적인 증거가 될 만큼 완벽했다.

솔렘수도원은 예전 연구의 중심이자 훗날 예전 운동이라 불린 운동의 선구자가 됐다. 하지만 게랑제 자신과 솔렘수도원의 사역에는 약점도 있었다. 18세기 합리주의와 고전주의에 저항하다 보니, 느슨한(naïve) 낭만주의에 빠지게 된 것이다. 그는 중세를 예전적 삶의 정점으로 보았는데, 그때는 예전의 실제적 힘이 모든 것을 지배했었다.

---

[1] 이 부분과 게랑제의 배경에 대해서 R. W. Franklin, "Guéranger and Pastoral Liturgy: A Nineteenth Century Context," *Worship*, vol. 50, no. 2 (March 1976): 146-62에서 많은 도움을 받았다. 그의 논문인 "Guéranger: A View on the Centenary of His Death," *Worship*, vol. 49, no. 6 (June-July 1975): 318-28도 참고하라.

그레고리안 성가가 예전 음악의 정석으로 회복됐다. 게랑제는 "순수한 로마 예식"의 복원을 추구하면서 프랑스 예전에서 갈릭 예식의 흔적들을 지워버리고자 했다. 그의 목표는 갱신이나 개혁이 아니라 복원이었다. 그는 자국어로 예전을 시행하는 것에는 어느 정도의 관심만 있었는데, 라틴어가 "일상의 맹렬한 빛으로부터 미사의 신비를 보호해주는 휘장"이라고 믿었기 때문이다.

게랑제는 또한 미사 전문이 처음부터 작은 소리로 읽혔다고 잘못 알고 있었다. 게랑제와 솔렘수도원 내 그의 지지자들은 비판적 학문에 대한 부족함과 지나치게 감상적인 '고고학'(archaeologism)으로 인해 어려움을 겪었다. 그럼에도 그들의 활동은 베네딕트회에서 학문적인 방편으로 예전을 연구하게 하는 거대한 부흥을 이끌었고, 예전이 현대교회의 가장 중요한 증인이라는 사실을 진지하게 볼 수 있도록 해 줬다.

일반적으로 1903년 11월 22일 교황 비오 10세(Pius X, 1903-1914)가 내린 『자의교서』(自意敎書, *Motu Proprio*)[2]가 예전 운동의 탄생을 알린 것으로 여겨진다. 교서를 통해 오래전부터 시작되었던 개혁 운동에 (다소 소극적이긴 했지만) 공식적인 허가를 준 셈이었다.

교서는 예전적 삶이라는 '원천으로의 복귀'와 '신자들의 적극적인 참여'의 회복을 담고 있었다. 특별히, 예배 음악 부분에

---

[2] 교황의 권위에 따라 교회 내 긴급한 요구에 응하기 위해 자의적으로 작성하고 발표한 문서. 교황자의교서라고도 한다 −역주.

서 평신도들의 참여를 증대시키려는 방편으로 성가(chant)의 회복과 매주 미사에서 신자들이 더욱 자주 성찬에 참여할 것을 요구했고, (너무 성급한 예전 개정에 대한 경고가 있었음에도) 향후 개정된 공식 예전서가 필요함을 제안했다.[3]

벨기에 몽세자르(Mont Cesar)사원의 베네딕트회 수도사였던 랑베르 보댕(Lambert Beauduin, 1873-1960)은 1897년 교황의 금령이 해제된 이후 개인의 독서를 위해 『로마 미사예식서』(Roman Missal)를 자국어로 번역했다. 교회 성가대를 위한 수양회가 몽세자르에서 열렸고, 교회를 연합시키는 기능으로서의 예전과 개인주의 및 현대 세속주의에 대항하는 예전의 사회적 기능을 강조하는 출판물들이 몇몇 교역자들을 위해 인쇄됐다.

보댕은 기초 교리 문답을 통하여 매우 비예전적인 "경건한 신비"(pious novelties)에 대한 목회적 교정의 수단으로서의 예전의 교육적인 기능을 강조했다.

베네딕트회의 복고 열풍은 거셌다. 독일 마리아라악(Maria Laach)사원의 베네딕트회 수도사였던 오도 카젤(Odo Casel, 1886-1948)이 쓴 『신비 신학』(Mysterien theolgie)에서는 성례전적 경험을 현대적으로 해석하기 위해 플라톤식 신비주의와 동방교회의 예전신학을 사용했다.

---

[3] Lancelot Sheppard, ed. *The People Worship: A History of the Liturgical Movement* (New York: Hawthorn Books, Inc. 1965), 11, 102-03, 106, 116.

카젤은 기독교의 **신비**란 그 계시에 있어서 개념적 내용이 아니라, 예전의 신비 안에서 우리가 체험 가능한 구원의 경험이라고 주장했다. 카젤의 저작이 지식인들을 향한 것이었다면, 그의 동료 수도사였던 로마노 과르디니(Romano Guardini, 1885-1968)의 『예전의 정신』(*The Spirit of the Liturgy*)는 대중들에게 두루 읽힌 예전 해설서였다.

1914년에 마리아 라악 사원은 연례 예전 주간(Liturgical Week)을 제정하여 지역교회 예전 인도를 위해 평신도들을 훈련시켰다. 또한, 카브랄(Dom Cabrol)과 레클레르크(Dom Leclercq)는 보다 나은 역사적 작업의 산물로 "고고학과 예전학"에 대한 방대한 분량의 백과사전을 편찬했다. 이 책은 예배의 모범이 되는 시기를 중세가 아닌 초대교회로 봄으로 예전 운동에 있었던 낭만주의 마법을 깨는데 성공했다. 히폴리투스의 『사도 전승』이 재구성된 것도 이 시기였다.

미국에서도 베네딕트회가 로마 가톨릭 예전 운동을 주도했다. 미네소타주 칼리지빌의 '세인트존사원'(Saint John's Abbey)에서 20세기 후반 영향력 있었던 잡지인 「오라테 프라트레」(*Orate Fratres*)가 창간됐다.

이 잡지는 1951년부터는 「워십」(*Worship*)으로 이름을 바꾸었다. 1940년 첫 번째 예전 주간이 시카고에서 열림으로 무수히 많은 사제와 일반 성도들이 예전적 학문의 열매들을 취할 수 있게 됐다. 미국에서의 예전 운동은 학문적이기 보다는 실천적, 목회적 경향을 보였다. 여기서 예전의 부흥과 평신도 사역의 회복이 맞닿았다.

비오 12세가 1947년 반포한 전례 회칙인 "하나님의 중개자" (*Mediator Dei*)는 여전히 신중한 면이 있었지만, 예전 운동의 지속적 활동을 강하게 지지했다.

고난주간(Holy Week)[4] 예배들은 개정되었고 부활절 철야가 교회력의 중심으로 회복됐다. 일요일이 아닌 비정규 예배에서 자국어의 실험적 사용을 허가해 줬다. 성찬을 위한 예비 금식과 관련된 몇 가지 항목들이 해제되었고 현대인들의 필요를 채워주기 위해 저녁 시간에 중요한 예식을 거행하는 일은 승인됐다.

제2차 바티칸공의회 첫 번째 의제가 예전의 개혁이었으니 그 개혁이 전면적이며 다소 급진적으로 될 것이라는 사실은 명백했다. 하지만 로마 가톨릭교회가 하룻밤에 여기까지 온 것은 아니었다. 제2차 바티칸공의회는 아주 오랜 시간 전부터 시작되어 온 개혁의 절정이었다.

2. 개신교의 예전 운동

개신교에 있어 예전 운동이란 종교개혁 시 강조되었던 예전 규범들의 회복과 그들의 선조들이 전에 생각되었던 것처럼 "저

---

4   로마 가톨릭에서는 "성주간"이라고 부른다 -역주.

항자"(protestant)가 아니라는 사실을 발견한다는 의미가 있었다. 루터와 칼빈이 성찬을 강조했다는 점과 경건주의, 주관주의(subjectivism), 합리주의, 복고주의 때문에 곁길로 빠졌긴 했었어도 종교개혁의 예전 개혁이 지속했다는 사실이 개신교 예전 연구 때문에 분명히 드러나게 됐다.

루터파는 후기 독일 경건주의에 대한 대항마로 예전에 관한 루터의 사상을 다시금 연구하기 시작했다. 바흐의 합창이 품격 있는 개신교 예전 음악으로 복구됐다. 같은 시기에 철학자이자 신비주의자인 루돌프 오토(Rudolf Otto, 1869-1937)가 쓴 『거룩의 의미』(The Idea of the Holy)는 주관주의적 접근이긴 했으나, 개신교 예배의 지루한 가르침에서 벗어나기를 갈망했던 당시 교회에 필요한 예배신학을 소개하는 데 공헌을 했다.

1920년대 프리드리히 하일러(Friedrich Heiler, 1892-1967)의 "고교회 루터파 운동"(High Church Lutheranism)은 루터교인들 사이에서 새로운 범교회적 운동을 발전시켰다. 1949년 벨파라이소대학교(Valparaiso University)에 설립된 예전연구소(Liturgical Institute)는 미국 내 루터교회들의 예전에 관한 관심을 부활시켰다.

(칼빈주의) 개혁교회에서는 1800년대 중반 칼빈의 예전 사상에 대한 새로운 관심이 부상했다. 많은 루터파가 그랬던 것처럼 개혁교회 목사들도 그들의 선조인 칼빈의 예전 사상에 많이 놀랐다.

스코틀랜드교회에서는 히슬롭(D. H. Hislop), 베일리(D. M. Baillie, 1887-1954), 맥스웰(W. D. Maxwell, 1918-1997)같은 학자들이 많

은 개혁교회가 괴로워하고 있었던 건조하고 장황한 교훈 중심적 예배에 다시 생명을 불어넣는, 더욱 풍성하고 더욱 격식 있는 그리고 (진정한 칼빈주의자들의 시선에서 볼 때)보다 전통적인 예배를 시작했다.

예전 갱신에 대한 여타의 주제들이 일반적인 유럽에서 시작되었던 양상과는 달리 개혁주의 예배의 최초의 소용돌이는 미국에서부터 시작됐다.

찰스 베어드(Charles W. Baird, 1828-1887)의 『바른 예배』(*Eutaxia*)[5]는 미국 칼빈주의자들 가운데 떨어진 폭탄과도 같았다. 베어드는 오랫동안 억압받았던 칼빈, 낙스, 다른 개혁주의 지도자들의 예전을 밝은 빛으로 끄집어내었다.

1840년대와 50년대에 걸쳐 펜실베니아에 위치한 독일 개혁주의 신학교(German Reformed Seminary)에서는 네빈(J. W. Nevin, 1803-1886)과 필립 샤프(Philip Schaff, 1819-1893) 같은 학자들의 지도 아래 머서스버그 운동(Mercersburg Movement)이 꽃을 피웠다. 네빈의 『신비한 임재』(*The Mystical Presence*)는 개혁주의 성찬 신학의 기초를 놓아 줬다.

네빈은 찰스 피니의 "새로운 방법들"을 강하게 반대하였는데, 왜냐하면 그것이 "그리스도를 위해 결단"하도록 참여자들을 강요하기 위한 수단으로 예배를 사용하여 미국 개신교 예배를 노골

---

5 기본적인 뜻은 "좋은 (예배) 순서 / good order"다 –역주.

적인 감정 조작의 장으로 변질시켰기 때문이었다. 저명한 교회사가이기도 한 샤프는 미국식의 복음주의(American evangelicalism)는 하나님의 은혜라는 예배의 합당한 주제를 무시한 채 죄에만 초점을 맞추었다고 비난했다.

네빈은 역사적으로 예배의 중심 행위였던 찬양과 경배가 설교단에서 쏟아져 내리는 온갖 수사학들과 하찮은 도덕주의에 잠식됐다고 보았다. 비록 머서스버그 운동은 같은 시기 예전 운동을 특징지은 낭만주의와 고고학에 물들긴 했으나 그것이 뿌린 씨앗은 다음 세기의 개혁을 통해 열매로 나타나게 될 것이다.

1931년 헨리 반 다이크(Henry Van Dyke, 1852-1933)가 이끈 미국 장로교회 예전 개혁은 칼빈의 유산을 회복시키면서 동시에 잉글랜드국교회와 루터파로부터도 빚을 지고 있음을 보여 주는 작업이었다.

유럽의 개혁주의 교회들이 예전 갱신에 상대적으로 더딘 동안, 프랑스 '떼제(Taizé)공동체'가 개신교 예배의 모델로 주목받게 됐다. 이곳은 개신교 수도사들로 이루어져 있지만 로마 가톨릭 예전으로부터 지대한 영향을 받은 곳이었다.

스위스의 개혁주의 성경신학자 오스카 쿨만(Oscar Cullman, 1902-1999)은 성례신학의 성경적 기초를 연구하여 성경의 구성과 그 메시지에 있어 예전이 가지는 중요성을 새롭게 인식할 수 있게 했다.

너무도 많은 개신교인은 성경 자체가 예배를 위한 책이라는 사실을 잊고 있었다!

쿨만의 연구들은 옛 개신교도들이 가졌던 예전 개혁의 지침과 재료로서의 성경에 대한 관심을 환기시켜 준 동기 중 하나였다.[6]

잉글랜드국교회는 예전 운동에 있어서 가장 지대한 참여를 보여 줬다. "고교회" 감성의 부활은 잉글랜드국교회 복음주의 권의 열정 상실, 칼빈주의의 엄격함에 대한 저항, 청교도주의의 명확함, 낭만주의의 발흥과 함께했다.

'소책자-옥스퍼드-잉글랜드국교회-가톨릭-예식주의 운동'이라 총칭할 만한 운동이 1800년대 후반 잉글랜드국교회를 휩쓸고 지나갔다.[7]

에드워드 푸세이(Edward Pusey, 1800-1882)는 잉글랜드국교회 예배와 신학의 뿌리가 로마 가톨릭이라는 점을 강조하면서 잉글랜드와 로마교회의 재연합을 추구했다. 푸세이의 친구였던 존 헨리 뉴먼(John Henry Newman, 1801-1890)은 결국 로마 가톨릭 신자가 되어 추기경까지 됐다.

존 케블(John Keble, 1792-1866)은 무서우리만큼 변모하는 잉글랜드 교단들에 대한 치료제로서 국교회-가톨릭주의를 강조했다.

---

[6] Oscar Cullmann, *Early Christian Worship*, trans. A. Stewart Todd and James B. Torrance (London: SCM Press Ltd. 1953).

[7] 1830-40년대 잉글랜드국교회에 일어난 일종의 복고 운동. 보통은 옥스퍼드 운동 Oxford Movement 혹은 당시 운동을 주도했던 뉴먼이 예전과 전통의 중요성을 소책자에 담아 배포하였기 때문에 "소책자 운동"(Tractarian Movement)이라고 불린다 -역주.

케블은 교회력을 위한 찬송과 시들을 유산으로 남겼다. 에드워드 어빙(Edward Irving, 1792-1834)은 스코틀랜드 장로교회를 떠나 1832년 "거룩한 보편 사도적 교회"(Holy Catholic Apostolic Church)를 세웠는데, 19세기 만연했던 종교적 열병의 혼탁한 상황 가운데 예식주의, 동방 정교회 일부, 잉글랜드국교회, 로마 가톨릭, 천년왕국주의, 계시신앙 등 다양한 예식들을 혼합한 것이었다.

음악적인 면에서 에드워드 카스웰(Edward Caswell, 1814-1878)과 존 메이슨 닐(John Mason Neale, 1818-1866)이 헬라어와 라틴어 찬송을 열심히 복구해서 그것들을 영어 예전에서 사용해야 한다고 주장했다.

건축에서는 아우구스투스 푸진(Augustus Pugin, 1812-1852)이 고딕 양식을 교회 건축의 황금세대로 보면서 그것의 부흥을 주도했다. 개혁가들을 통해 회중에 가까워진 성찬상은 중세의 위치였던 후진이 있는 벽면으로 돌아가 버렸다. 성가대는 격상하여 회중과 성찬상 사이 무대와 같은 곳에 자리 잡았다. 성찬상은 결국 십자가, 꽃들과 촛불들로 어수선해진 보조테이블과 같이 되어 버렸다. 제단과 다른 장소를 구분하는 칸막이, 행렬용 십자가, 환자 등을 위해 성찬의 빵과 포도주를 남겨 놓았던 전통은 성찬 가운, 주교관, 전례복, 영대[8] 등의 의복들과 함께 이 시기 잉글랜드국교회 예배에 추가됐다.

---

8 목 뒤에서 무릎까지 늘어뜨린 일종의 띠 −역주.

한때 소박했던 크랜머의 잉글랜드국교회 예배당은 바로크로마 예전에서부터 온 새로운 장식품들로 치장된 어두운 신고딕 풍으로 꾸며졌다. 다른 예전 운동에서 볼 수 있는 특징들과 같이 잉글랜드국교회의 예전 부흥도 낭만주의, 고고학, 성직주의, 탐미주의로부터 자유로울 수 없었다.

고딕 양식이 다시 유행하면서 잉글랜드국교회 내 '복음주의자들'은 '의식주의자들'(Ritualists)과 대립하였는데, 양쪽 다 논쟁에 있어 과열되어 있었다. 예전 운동은 18세기와 19세기 초 잉글랜드국교회 예배를 특징지었던 엄격한 통일성을 파괴하고 과거와 비교해 예전을 더욱 넓게 사용하도록 개방했다.

이 운동은 건조하고, 지적이며, 숨 막히게 정형화된 **『공동예식서』**의 사용 때문에 교회를 떠나 반대파들과의 갈등을 피했던 이들에게 교회를 매력적으로 만들어 준 새로운 길이었다.

저명한 잉글랜드국교회 예전학자들이 이 시기에 그 뿌리를 두고 있는데, 몇 명만 말해보면, 프랑크 브라이트만(Frank E. Brightman, 1856-1932), 월터 프레어(Walter H. Frere, 1863-1938), 제임스 스로울리(James H. Srawley, 1868-1954), 그레고리 딕스(Gregory Dix, 1901-1952) 등이 있었다.

1920년대 잉글랜드, 스코틀랜드, 캐나다, 남아공, 미국에서 있었던 일련의 예식서 개정 작업은 국교회 예전 운동의 열매였다. 이 시기 전반에 걸쳐 그리고 이 시기에 있었던 예식서의 개정 작업에서 예식 자체보다는 의례적 예전적 경건과 예식들을 둘러싸고 있는 신학의 변화가 더 크게 있었다.

자유교회 중심적인 미국 개신교 사이에서 19세기 초반 일어났던 부흥은 일요일 예배로 제도화됐다. 미국의 많은 자유교회들은 남침례교회처럼 더욱 급진적인 개신교회들의 경이로운 성장에 영향을 받으면서, 예배에서의 감정적인 '즉흥성'과 '자유'에 반대되는 구시대 '의식주의'와 '형식주의'에 깊은 회의를 품은 채 발흥했다.

이런 환경에서 자란 그들은 예전 운동이 20세기 그들의 교회에 침투하기 시작할 때 그것을 부흥이 아닌 한 때 활기찼던 복음주의적 열정의 쇠퇴와 그것에 대한 거부에서 온 현상으로 보았다. 아이러니한 일이지만, 예전 운동과 미국의 부흥 운동 모두 감정의 회복을 강조했다. 하지만 어떻게 예배에서 감정을 되살릴 수 있을지와 그 감정의 강조점과 내용이 무엇인지에 대해서는 두 운동이 조화를 이루지 못했다.

미국 자유교회는 공동체적 삶의 중심으로서의 성찬이 가지는 중요성을 잃어버렸다. 사실 의지주의적이고 회중교회 중심의 민주적인 미국 환경 하에서 공동 예배는 공격적인 개인주의에 희생되기 일쑤였다.

미국 비즈니스계에서나 일어나는 일인데 종교 생활에서도 마찬가지였다. 세상에 속하지 않았다고 외치면서도 미국 복음주의 실용주의, 공리주의, 기업식의 교세 확장, 세속적 성공을 추구하는 부흥은 그 주변을 둘러싼 세속 문화와 흡사한 것이 되어

버렸다.

성찬과 마찬가지로 조상들이 성례로 간직했던 세례도 성례전적 의미의 많은 부분을 상실했다. 미국 개신교는 19세기에 세례와 관련된 격렬한 논쟁을 벌였는데, 이제는 세례와 성찬을 둘러싼 미묘한 신학적 차이는 어쨌거나 별로 중요하지 않다고 확신하면서 서로 간의 화합을 추구하게 됐다.

쯔빙글리의 견해가 대부분 감리교와 장로교의 성례에 대한 역사적 위치를 대변했다. 세례 자체보다 복음적 회심 체험이 더 강조됐다. 부흥주의는 개인의 종교적 체험을 공동 예배와 은혜의 방편으로서의 성례보다 격상시켰다. 읽고, 듣고, 가르치고, 개인적으로 경험하고, 개인적으로 확인한 말씀이 성례와 공동 예배보다 중요했다.

라인홀드 니버(Reinhold Niebuhr, 1892-1971)는 미국 감리교회는 "신학은 없으면서 방탕한 복음주의적 열정일 뿐"이라고 하면서 미국 개신교에 대해서는 전반적으로 아래와 같이 평가한다.

> (예배의) 다양한 형식과 원리에 대한 저항은 그들을 파멸로 이끌었다. 그러한 원리들의 부재를 그다지 중요하게 여기지 않는 단기간 유행하는 즉흥적인 종교가 생겨나는 일은 가능하다. 아마도 미국 개척 시기에 생겨났던 복음주의가 그러한 것이었다. 하지만 이러한 즉흥성은 영원히 지속하지 않는다. 이런 것들이 적절한 전통적 예전과 신학 및 전통이라는 통로 없이 교회로

가게 된다면, 그것은 물 없는 메마른 인생과도 같다.[9]

자유교회 전통하에서 증가한 미국 개신교도들은 20세기에 접어들자 그들의 예배 형태에 대해 불만족하기 시작했다. 1920년대 '예전적 교회들'이 예전 운동에 보다 많이 참여하게 되면서 많은 주류 개신교 교단들은 '풍성한' 예배를 위한 동료 교회들의 노력을 보았다.

감리교 주교 윌버 써킬드(Wilbur P. Thirkield, 1854-1936)는 '연방교회협의회'(Federal Council of Churches)의 기고를 통해 이것이 단지 예식을 강화하는 문제가 아니라고 주장했다.

> 성소에서 행하는 예배에 하나님께서 임재하시는 가에 대한 확신의 문제다. 질서 있고 경건한 예배도 없고 예배에 대한 경외함도 없는 것은 많은 교회의 문제점이다. 인간은 성소에서 영원에 대한 이야기를 듣고자 갈망한다.[10]

너무나 많이 개신교 예배 개혁가들은 심리학적인 것들과 신학적인 것들을 혼동했다. 감정을 조작하기 위해 설교단에서 설교

---

[9] Reinhold Niebuhr, *Essays in Applied Christianity*, ed. D. B. Robertson (New York: Meridian Books, imprint of The World Publishing Company, 1959), 62.
[10] Massey Hamilton Shepherd Jr., ed., *The Liturgical Renewal of the Church* (New York: Oxford University Press, 1960), 58에서 인용함.

자들이 울부짖으며 부흥을 만들어 냈었다면, 이제는 양초, 십자가, 장식품들을 이용한 새로운 조작으로 바꾸었을 뿐이다.

조지 월터 피스크(George Walter Fiske, 1872-1945)는 그의 동료 개신교도들에게 '청교도 전통'을 깨버릴 것을 촉구하면서 1931년에 다음과 같은 글을 남겼다.

> 더욱 아름다운 교회, 더욱 거룩한 음악, 더욱 적합한 상징의 사용, 원래 예배의 목적에 맞는 않는 강단 의자들의 배치, 의복의 거룩함을 담아낸 화려한 행렬, 온갖 가구들, 이런 모든 것들은 인간의 지성과 양심이 아닌 심리학적 호소에 지나지 않는다.[11]

'풍성한 예배'에 대한 요청이 이 시기 미국 사회의 경제 성장, 교육의 증가, 문화 수준의 상승과 관련 있다는 사실은 의심의 여지가 없다.

자유주의신학은 자신들의 믿음에 더욱 적합한 예전적 표현을 찾기 위해 옛 예배 형식을 탈피하기 원했는데, 이러한 것들도 때때로 예배 개혁을 강요하기도 했다. 1910년 월터 라우센부쉬(Walter Rauschenbusch, 1861-1918)의 "사회 각성을 위한 기도문"(Prayer of the Social Awakening)이나 워싱톤 글래든(Washington Gladden, 1836-1918)과 프랭크 메이슨 노드(Frank Mason North, 1850-1935)의 찬송가

---

[11] George Walter Fiske, *The Recovery of Worship* (New York: Macmillan, Inc. 1931), 233.

같은 사회복음을 위한 예배적 지원들은 개신교 특히 감리교에 영향을 끼쳤다. 주관적 개인주의로부터 보다 공동체적이고 보편적인 행위로서의 예배로 돌아서도록 도운 것이다.

자유주의 신학적 예배 접근의 약점은 예배를 사회 행동을 위해 그리스도인들을 결집하는 방편 정도로 축소했다는 데에 있다. 이는 예배를 하나님이 아닌 사람을 위해 어떤 일을 하도록 동기를 유발하는 방편으로 본 부흥주의식 관점을 계승하는 것이었다.

이러한 맥락에서 '연방교회협의회'(the Federal Council of Churches)는 왕국 건설과 인류에 대한 봉사라는 사회복음의 주제가 예배 중 부각될 수 있도록 '왕국절'(Kingdomtide)이라는 새로운 교회절기를 제정했다. 이 새 절기는 오직 감리교에서만 지켜졌다.

예전 운동이 미국 개신교에 미친 영향들의 더욱 특별한 현상들도 있었다. 설교단을 중심에 둔 건축적 배치에 대항하는 의미로 '열린' 혹은 '나누어진 강단'이 도입됐다. 거기에는 강단 난간과 휘장을 두른 제단도 함께 있었다.

먼저는 성가대가 제의를 입었고, 그 뒤에 교역자들도 입게 됐다. 감리교와 회중교회 교역자들은 잉글랜드국교회의 유산이라 주장하며 교회력 색깔에 맞춰 각종 성복들을 입었다. 많은 개신교계에서 한 때 가톨릭의 저주라고 여겨졌던 십자가는 신 고딕풍으로 새롭게 설치된 제단 꼭대기에 '성소'를 '풍성'하게 해 주는 다수의 새로운 상징들과 함께 도입됐다.

1922년 설립된 '미국찬송가공회'(The Hymn Society of America)와

1928년 설립된 '연합성음악학교'(School of Sacred Music at Union)에서는 개신교 음악인도자들을 양성했다. 그들은 당시 유행하던 부흥주의식 복음송에 내재하는 주관주의 위에 공동 예배를 통해 하나님의 거룩하심과 위엄을 강조하는 전통적이면서도 새로운 찬송가들을 도입하기 위해 노력했다.

교회력의 절기들과 성서일과 읽기는 보다 폭넓은 다양한 예배와 설교 주제들을 소개하는 두 개의 수단으로 여겨졌다. 이는 당시 폭넓게 영향을 미치고 있었던 성경신학 운동과 절묘하게 부합하는 것이기도 했다. 새로운 개신교 예식서들이 출판되어 풍성한 예배의 자료들과 더불어 완성된 예배 순서들을 제공해 줬다.

최종적으로, 예전의 부흥은 당시 성장하고 있었던 범교회주의와 보조를 맞추었다. 많은 개신교인은 교리와 교회조직에 대한 논쟁을 통해서 이루지 못했던 교회의 연합을 예전이 이루어낸다는 사실을 알게 됐다.

모든 개신교가 예전에 대한 새로운 관심을 환영한 것은 아니었다. 그들 중 일부는 이 운동이 복음주의의 열정을 포기하고 '가톨릭교회 전통'으로 회귀하는 것은 아닌가 하는 의심을 했다. 성령의 임재와 '방언'을 강조하는 현대 오순절주의는 "생명력 없는" 개신교 예배에 대한 반란의 일부였다.

제2차 세계대전 이후 주류 개신교의 지배적인 신학이었던 신정통주의(Neo-Orthodox)는 거룩함과 인간이 조우하는 최우선 장소로서의 "말씀"을 그 중심에 두었다.

폴 틸리히(Paul Tillich, 1886-1965)와 루돌프 불트만(Rudolf Bultmann, 1884-1976) 같은 학자들의 신학에 나타나는 실존주의와 거기에 수반되는 신학적 입장에는 공동 예배와 성례를 강조하는 데 방해가 되는 주관주의와 개인주의적 경향이 있었다.

"그리스도는 설교 되는 말씀 외에는 다른 어떤 곳에서도 우리와 만나지 않으신다"라고 불트만은 단호하게 선언했다.

로마 가톨릭교회가 그랬듯이 개신교는 그들의 예전 개혁을 위해 충분한 신학적 기반을 발전시키지 못했다. 대다수의 혁신은 상투적이며, 교리적 역사적 기초 없이 단지 장식품만을 빌려온 것에 지나지 않았다.

개신교는 자신들의 '숙제'를 다른 이들이 하도록 했다. 너무나 많은 경우 개신교는 그들 자신의 구분되는 예배적 특성과 부합하지 않는 미적으로만 풍성해 보이는 것들을 도입하였고, 그 결과로 보통의 개신교도들에게 예배는 이제 그리스도인의 삶에 있어서 부가 활동 정도로 남게 됐다.

세례와 주님의 만찬은 단지 상징일 뿐이었고, 개인의 종교적 체험이 더 우선됐다. 물과 포도주 및 빵은 여전히 말씀과 비교하면 부차적인 요소들이었다. 하지만 부흥은 시작됐다.

제10장

혁신, 창의, 공감: 현재와 미래

Innovation, Creation, Consensus:

Present and Future

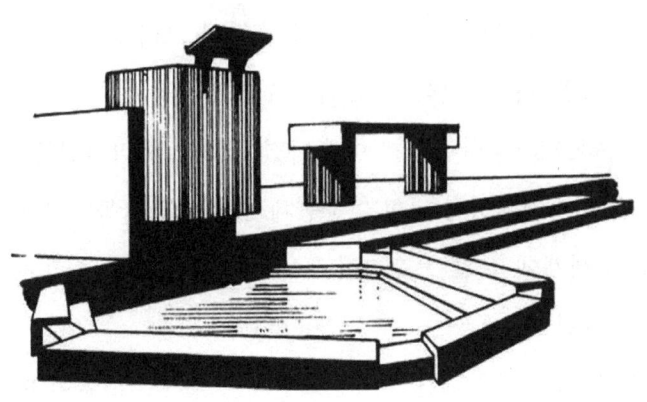

「워십」(*Worship*)지(紙)의 편집자인 갓프레이 디크만(Godfrey Diekmann, 1908-2002)은 제2차 바티칸공의회(Vatican II) 기간 중의 한 날을 회상한다. 예전 개혁에 대해 토론하고 있던 늦은 밤이었다. 동독의 한 주교가 우리 그리스도인들이 잊고 있었던 한 가지 사실을 공의회에 일깨워 주었는데, 바로 교회를 위한 공동 예배(corporate worship)의 중요성이었다.

공산주의자들은 국가와 그 권력을 숭배하게 하는 고도의 모조 예전(pseudoliturgies)으로 국가를 예배하는데, 그것이 기독교 예전을 압도한다고 그는 말했다. 그의 조국은 모든 교회 조직과 기독교 교육 모임을 없애버렸다. 가톨릭교회에 남은 건 오직 일요일 미사뿐이었다. 그 주교는 가능한 급진적으로 교회 예식을 개정하여 주기를 공의회에 간청했다.

특별히, 일요일 성찬을 회복시켜 미사를 통해 공동의 정체성을 경험하고, 신앙을 나누며, 그의 국민이 그리스도인으로서의 희망을 되찾기를 바랐다. 주교의 탄원 이후, 공의회의 예배 개혁은 신속하고도 광범위하게 이루어졌다. 제2차 바티칸공의회는 예전 운동이 예배하는 교회의 공동체적 성격을 회복하기 위해 새롭게 전 세계에 걸친 범교회적 노력을 기울이며 성숙해져 가고 있음을 알렸다.

어디서든 그리스도인들이 일요일에 모일 때, 그들이 어떤 환경에 처해있든 회중 예배가 중요하다고 하는 공감대가 퍼졌다. 또한, 우리의 신앙이 일요일 예배를 통해 선포되고 구체화하지 않거나, 우리의 정체성과 사명을 이 찬양과 감사의 시간에 받지 않는다면, 이러한 선물들을 다른 곳에서 받지 못할 것이라는 인식도 확산됐다.

1. 범교회적 합의

교회사에 있어서 가슴 아픈 사실 중 하나는 우리의 예배를 통해 그리스도의 몸이 찢어지는 아픔을 표현하고, 심지어 강조해 온 일이다. 세례, 주님의 만찬, 임직식, 기도에 대한 과거의 신랄한 논쟁들은 이러한 활동들이 우리에게 얼마나 중요한가를 보여주기는 하지만, 그것들이 가지는 중요성으로 인해 종종 연합보다는 분열이 초래됐다. 하지만 최근 교회의 예배가 중요하게 주목받으면서 이러한 상황은 변했다.

예전 역사에 대한 연구는 예배에 대한 범교회적 합의를 이루게 하는 데에 많은 공헌을 했다. 케케묵은 논쟁들은 상황에 맞는 보다 생산적인 대화를 위해 무시됐다. 예배의 유산으로 돌아오면, 차이점보다는 공통점에 더 많은 감동을 받아왔다. 그동안 축적된 예전적 장식들을 제거하고 나니 이제 가장 기본적으로 공유된 기독교 예배의 요소들을 분명히 볼 수 있게 됐다. 결과로, 교리적 정치적 연합을 이룰 수 없던 교회들이 이제는 말씀과 세례, 성찬에 함께 할 수 있음을 알게 됐다.

제9장에서 우리는 예전 운동이 무르익으면서 얼마나 많은 요소가 예배에 대한 합의를 증가시키는 데에 공헌했었는지를 보았다. 성경연구에 대한 새로운 관심은 공동의 책으로 돌아오도록 도왔다. 종교개혁으로부터 배웠듯이 성경은 예전을 명령하는 단순한 지침서가 아니라 우리 신앙의 최종잣대이며 처음부터 다양

하고 풍성하며 명료하고 공동의 성격을 지닌 기독교 예배를 기억해 내도록 우리를 도와준다.

 A.D.1세기에 사용했던 초대교회 예배의 도구들을 발견한 것은 예배 개혁에 지대한 영향을 끼쳤다. 제3장에서 『**사도 전승**』에 관하여 이야기하면서 1930년대 이후 예배 개정에 대한 히폴리투스의 영향을 언급했었다. 초대교회 예배가 가진 단순함, 명료함, 선명한 방식들은 우리의 무질서한 예식과 비교할 때 아주 매력적으로 다가온다.

 기독교 예배는 준비된 말들과 고정된 문장으로 이루어진 것이 아니라, 다양한 언어로 표현 가능한 기본적 행위들의 표현양식이라는 사실을 다시 한번 배우게 된다. 분열적이고 비생산적인 논쟁들이 시작하기 이전의 과거로 이런 논쟁들을 옮겨 놓게 되면, 종교개혁과 반종교개혁 사이의 더욱 객관적이고 균형 잡힌 시각을 가질 수 있다.

 히폴리투스는 우리의 뿌리가 되는 시간으로 우리를 인도해 주는데, 그때는 성찬이 매 일요일 예배의 중심이 되어 필수적이고 핵심적으로 활동했던 시기였다. 또한, 세례는 급진적 회심의 변화를 거쳐 급진적으로 변화한 신앙 공동체로 들어오는 과정이었을 때였다.

 종교개혁사를 공부하면서 우리 개신교도들은 예배의 원류를 재발견하였고, 그 과정에서 우리 조상들이 가지고 있었던 예배에 대한 어떤 생각들은 현재 우리가 실천하고 있는 것들과 반대가 된다는 사실도 알게 됐다.

칼빈과 루터의 성찬 및 세례 신학을 통해 현재 우리가 가지고 있는 성례에 대한 견해에서 무엇이 부족한지를 발견하게 된다. 범교회적 대화를 통해 많은 이들과 접촉하게 됨으로 서로의 예배 생활을 풍성하게 하기 위해 서로 다른 전통을 차용하는 일도 증가했다.

문화의 변화, 고대 예전 언어의 난해함, 새로운 번역 성경들, 교회와 그 사명에 대한 다양한 견해들, 증가하는 민족 교회들(ethnic churches)의 목소리들이 6-70년대를 지나면서 예배 변화에 대한 압박이 커지도록 공헌한 요소들이었다. 새로운 예전들이 생겨났다. 지역교회들은 대화식 설교, 멀티미디어 예배, 워십 댄스, 포크 음악, 드라마 등을 실험하였고, 회중은 더 많이 참여하게 됐다. 십 년 전만 해도 기독교 예배에서 합당치 않게 여겨졌던 다채로운 것들이 경험됐다.

이 책의 목적 중 일부는 예배에서 이러한 변화들이 단지 옛것을 지루해하고 새것에 심취해 있기 때문이 아니라, 예배의 역사에 대한 새로운 인식 때문이라는 사실을 제안하기 위함이었다.

예전 역사에 대한 연구는 우리가 옛것과 새것을 학문적으로 비판하고 무엇이 핵심이며 무엇이 단순히 지엽적인, 또는 모순되거나 심지어 비신앙적인 요소였는지를 분간할 수 있게 해 줬다. 이 예전적 실험의 시기에서 역사 연구는 책임감 있는 혁신과 잔머리 가득한 술책 사이를 판단할 수 있도록 우리를 도와줬다.

잃어버린 예배에서의 활력과 풍성함을 회복하기 위하고 과거를 통해 우리 시대에 다시 한번 "새 노래로 주님을 찬양"하는 영감을 부여받기 위해 예배의 원류로 돌아가고자 하는 강한 도전을 받는데, 이러한 도전은 연구와 실험 모두를 통해서 온다.

제임스 화이트(James White, 1932-2004)는 예전에 있어 가장 보수적인 교회들이었던 로마 가톨릭, 루터파, 잉글랜드국교회들을 통해 성찬에서의 가장 급진적인 변화가 일어난 사실에 주목한다. 아마 그들이 탄탄한 역사적 배경을 가지고 있기에 가능했을 것이다. 너무 많은 개신교 교단이 그들의 "고향"이 어디인지를 모른다. 그래서 그들은 여러 실험을 통한 일탈을 꺼린다.

반대로 로마 가톨릭은 그들의 고향을 잘 알기에 회중 예배에 있어 얼마나 넓은 범위까지 나가는가는 큰 문제가 되지 않는다. 그들에게는 언제나 든든한 '고향'이 있다. 역사를 통해 배운 지식이 더욱 혁신적인 자세를 취할 수 있도록 때로 우리에게 확신을 준다.

성찬에 대한 개개인의 생각이 어떠하든 자신의 전통에서 현재 단행하고 있는 개혁이 어떤 모양새를 취하든 우리가 어디에 있었고 어디를 향해 가야 하는지에 대한 범교회적 합의가 있다. 그것이 모든 기독교회 예배에 영향을 끼치게 될 것이다. 예배의 주된 요소들에 대한 합의를 조금 자세히 살펴보도록 하자.

2. 세례

과거 유아 세례는 세속 사회가 교회를 지지해 준다는 가정에 따라 시행되었었다. 오늘날은 일반 사회적 의미에서의 출생을 기독교 공동체에 들어오는 출생으로 생각할 수 없다는 생각이 지배적이다. 루터파, 연합감리교, 로마 가톨릭, 잉글랜드국교회 등에서 시행하는 새로운 세례 예식에서는 세례를 급진적인 삶의 전환점이요 회심에 대한 혁명적 경험이며 하나님의 가족이 되는 출발로 보려는 새로운 진지함이 엿보인다.

세례에 관한 최근의 범교회적 논의를 통해 완전하고 규범적인 세례를 위한 필수 전제들에 대한 합의가 이루어졌다.

1) 물

기독교 세례 역사에서 예식에 사용되는 물의 양은 점차 줄어들었다. 그렇게 함으로 세례수와 관련된 풍성한 성경적 이미지로부터 자신을 단절시켜 버렸다. 새로운 세례 예식은 많은 양의 물을 사용할 것을 강조하고 있다. 세례에서의 풍성한 상징성을 펼치기 위해서는 반드시 물을 볼 수 있고, 들을 수 있으며, 경험할 수 있어야만 한다.

개신교도들에게 이것은 가시적이고 구체적이며 감지할 수 있는 우리 신앙의 상징이 가지는 힘에 대한 새로운 감사의 제목이다. 계몽주의의 합리성과 고정성이 오랜 시간 모호하게 만든 신앙을 새롭게 해 주는 점에서도 감사하다.

2) 응답

세례는 수세자가 신앙의 가족으로 선정되고, 가입되고, 수용될 뿐 아니라 수세자 역시 그 선정됨을 수용하고 반응한다는 사실을 분명히 한다. 새로운 세례 예식은 수세자의 응답을 강조하기 위해 세례 전후로 교훈과 그에 대한 응답으로의 신앙고백을 하게 한다. 세례는 진정한 회심과 양육의 활동이다. 기독교 세례는 한 번으로 완전해지는 예식이라기보다는 평생 동안 이루어지는 회심과 성장의 과정이다.

유아들에게 세례를 주어 왔던 교회들은 계속해서 그렇게 하겠지만, 예전학자들 사이에서는 성인 세례가 세례의 표준이라는 생각들이 일고 있다. 새 예식의 표준은 성인 세례이지만, 그리스도인 부모들의 유아나 어린이들을 위한 다양한 예식도 제안하고 있다.

그리스도인 부모들의 유아가 세례를 받는 교회에서는 신앙에 대한 온전한 응답으로서 세례받은 아이와 함께 성장해야 한다는 사실을 확실히 하기 위한 특별한 주의가 필요하다. 수세자의 나이가 얼마이든지 간에 세례는 그리스도인의 순례길의 끝이 아니라 시작이다.

세례 예식을 파편화시키고 세례의 효력을 떨어뜨린다는 이유로 옛 예식인 "견진성사"에 대한 강조가 사라졌지만, 대부분의 새로운 세례 예식은 교회 생활 가운데 주기적인 세례 축제를 연다. 이는 세례 시 행했던 그들의 맹세를 갱신하고, 세례를 통해 하나님과 그분의 교회에 사로잡힌 바 됨의 의미가 무엇인지를 인식하며 성장하는 기회를 주기 위함이다. 옛 예식인 견진성사도 세례 갱신을 위한 이 새로운 기회 중 하나로 해석될 수 있다.

세례와 관련하여 우리 모두에게 중요한 질문은 이렇다.

세례를 받기 위해 최소 몇 살이어야 하는가?

그러나, 이것이 중요한 것이 아니라 다음의 질문이 더욱 중요하다.

어떤 교회를 원하는가?
우리의 세례를 통해 교회의 일원이 되어 어떤 방식으로 교회를 가장 아름다운 모습으로 가꿀 수 있는가?

3) 신앙 공동체

무엇보다 세례의 온전한 규범은 그것이 반드시 **신앙의 증인으로서의 공동체라는 배경** 아래에서 이루어져야 한다는 사실이다.

교회는 모든 민족에게 세례를 주고 가르쳐 지키게 하라는 그리스도의 명령을 받았다. 세례에 합당한 나이나 세례를 위해 필요한 믿음과 세례를 받기에 적당한 생활 양식 등에 대한 논쟁은 세례에 대한 중요한 요소를 오히려 모호하게 만들었다.

그것은 세례가 수세자가 아닌 교회와 그 교회를 통해 일하시는 하나님에게 달려 있다는 사실이다. 신앙과 행위의 주된 무게는 세례를 주는 이에게 있다. 제자를 만드는 책임은 교회에 있다.

새로운 예식은 예배하는 공동체의 온전한 참여 없는 세례를 강하게 반대하면서 회중이 참여할 많은 기회를 제공해 준다. 예를 들어, 수세자의 공동체적 후원자가 되어 주고, 회중이 수세자에게 안수를 해 주며, 세례식이 진행되는 동안 회중이 응답하고 기도하는 시간이 있다. 회중의 참여를 통해 우리는 기독교 신앙이 독립된 개개인의 경험이 아니라 가족 행사라는 사실을 상기하게 된다. 세례는 주님의 만찬과 함께 집례되는 게 좋다. 그렇게 함으로 세례가 세례반에서부터 가족이 교제하는 성찬의 상으로 들어오는 사건이라는 사실을 보다 명확하게 볼 수 있다.

세례가 일생동안 이루어지는 회심과 성장 과정의 시작이라는 말은, 교회는 어떠한 세례 예식에서도 세례받는 이의 회심과 성장에 대한 지속적인 책임이 있음을 전제한다. 교회가 세례 예식에 함께 참여함으로 신앙은 가족이 지닌 모든 권리와 책임에 함께 참여하는 의미가 상기된다.

세례는 추상적이거나, 일반적인 종교에 마음대로 입문하는, 혹은 단순한 자기 확신의 사건이 아니다. 자기 자신에게 그리스도의 몸이라는 특별한 모임을 굴레 씌우는 사건이다.

3. 말씀

성찬이 없이 기도, 성경 봉독, 설교로 이루어진 성무일과는 종교개혁 시기에는 주변을 맴돌다가 나중에는 개신교 일요일 예배의 가장 보편적인 형태가 됐다. 그 시작부터 성무일과는 말씀을 중시하는 대신 행위와 공동체의 참여는 가볍게 여겼다. 또 다양한 성경 자료들을 직접, 명료하게 다룰 수 있는 이점을 제공해 준다. 특별히 개신교회에서 회중을 위한 교훈, 양육, 도전의 시간에 폭넓게 사용됐다.

'열 한 시 예배시간,' 혹은 교회가 무엇이라 부르든, 말씀의 예배가 변질된 것이 이 지점이다. 기독교 공동체가 예배를 위해 모이면 교훈과 교화의 시간이 항상 있긴 했지만, 예배의 주된 목적은 하나님께 향하는 찬양과 기도이지, 공동체를 향하는 교훈과 교화는 아니다.

개신교의 일요일 오전 '설교 예배'는 그 강조점과 목적 및 방향성에 있어서 점검이 필요하다. 예배가 회중에 동기를 부여하여 교단의 최신 프로그램이나, 목사 자신의 목회철학, 사회 활동,

개인적 헌신에 대한 반응을 유도하도록 사용될 때마다, 혹은 성도를 교육, 자극, 치유, 흥분, 강제로 시키려고 할 때마다, 또는 다른 어떤 목적을 가질 때마다, 예배는 하나님의 목적에 응답하는 사건이 아닌 우리 자신의 목적을 성취하는 수단으로 곡해됐다고 해야 할 것이다. 온전한 기독교 예배는 이런 게 아니다.

성무일과, 혹은 말씀의 예배 역사를 연구해 보면, 또 현재 교회들이 시행하고 있는 예배 형식을 평가해 보면 수정되어야 할 부적절함이 있다는 데에 견해를 모으게 된다.

첫째, 말씀의 예배, 혹은 일요일 오전 예배는 교회를 위한 예배이지 사적인 예배 시간이 아니다. 공(public, 公)예배이며, 공동(corporate, 共同)예배다.

예배는 우리가 그리스도의 몸에 온전히 다가서도록 해 주어야지 우리 자신을 내면 깊은 곳으로 인도해서는 안 된다. 함께 드리는 찬양과 기도, 함께 하는 실천들을 통해 진정한 공동 예배가 성취된다.

둘째, 이와 관련하여 대부분의 예배에서 나타나는 통탄할 만큼 부족한 평신도들의 참여와 리더십 문제 역시 중요하다.

'만인 제사장'을 가장 강하게 외치는 자유교회가 교역자들만 설교하고, 기도하고, 말하고, 행동하고, 인도하며 성도들은 수동적으로 앉아서 듣기만 하는 교역자 중심의 예배를 만든 주범이다. 단지 임직받은 그리스도인의 사역이 아닌 **모든** 그리스도인이 예배에서 사역할 수 있도록 일요일 오전을 더 활용할 수 있다.

셋째, 너무 많은 일요일 예배들이 예배에서의 다양한 요소들이 어떻게 연결되어 있는지에 대한 이해가 전혀 없이 조악하게 구성되어 있다.

예배 안에서 자연스럽게 '흘러감'이나 논리적인 움직임은 찾아볼 수 없다. 성경이 충분히 사용되지 않는다. 설교는 예배 전체와 큰 연관이 없는데, 교회력과도, 심지어는 방금 봉독한 본문과도 그렇다. 기도는 구조적으로는 형편없고 내용도 빈약하다.

시편집은 되는대로 사용되지만 그 중요성은 간과된다. 찬송, 성가대, 오르간 음악은 전체 주제와 행사 및 예배의 다른 내용과 별 상관없이 진행된다. 다시 앞선 주제로 돌아가 보면 회중이 예배에서 응답할 기회가 불충분하다.

넷째, 마지막으로 말씀 예배의 가장 기본적인 문제점은 원래 예배는 그런 것이 아님에도 불구하고 예배를 하나의 과제로 보려 한다는 사실이다.

우리는 그동안 그리스도인들을 위한 기본적인, 완전한, 정상적인 일요일 예배를 만들기 위해 애써왔다. 이를 위해 설교를 가장 높은 위치의 성례로 만들어 그 어깨 위에 회중에 대한 심판, 은혜, 치유, 양육, 응답, 교화의 모든 짐을 올려놓았다.

하지만 수 세기에 걸친 기독교 일요일 예배의 역사를 공부하면서 우리가 배운 점이 있다면 "모든 시간과 장소"에 있어 기본적인, 완전한, 정상적인 기독교 예배는 항상 말씀과 성찬의 예배였다는 사실이다.

말씀의 예배에서 성찬의 예배로 나아가지 않는다면 그리스도인들이 경험해야 하는 예배의 모든 영역을 스스로에게서 빼앗는 셈이다. 성찬을 경험하기 위해 역사적으로 해왔던 준비들은 하지만, 실제로 성찬을 경험하지는 않는다. 예배가 말씀과 성찬이라는 온전한 예배를 거의 경험하지 못하고 있는 현실에서 회중의 반응이라는 문제는 계속될 것이다. 왜냐하면, 주님의 만찬을 향해 나아가는 회중의 움직임이야말로 봉독되고, 기도되고, 설교된 말씀에 대한 최우선적이며 성경적이고 역사적인 반응이기 때문이다.

대부분의 자유교회에서 예배 갱신을 위한 최우선적이며 성경적이고 역사적인 문제는 교회가 주님의 만찬 중심성을 회복하고 그것을 더욱 자주 집례하는 것이다.

4. 성찬

개신교와 로마 가톨릭은 주님의 만찬 혹은 성찬에 대한 역사적, 신학적, 실천적 견해에 있어 다음의 네 가지 주제에 대해 놀랄만한 합의를 이루었다.

① 전술했듯이, 말씀과 성찬이라는 온전한 예배가 그리스도인들을 위한 정상적인 일요일 오전 활동이다. 주님의 만찬을 회복하여 일요일에 자주 집례하는 것이 요구된다.

② 주님의 만찬에서 우리의 기도, 찬양, 행동들은 그리스도의 탄생, 치유, 수난, 가르침, 죽음, 부활, 승천, 현재의 통치라는 그리스도의 전(全) 구속 사역에 골고루 집중되어야 한다. 단지 침울한 분위기의 다락방 식사만 고집해서는 안 된다. 주님의 만찬은 잃어버린 영웅에 대한 추모 행사가 아니다. 부활하시고 통치하시는 승리의 주님을 기뻐하는 축제다. 일요일은 부활의 날이다. 다락방에서 행하신 예수님의 말씀과 행동만 언급하는 많은 종교개혁의 기도와는 달리, 새로운 기도는 기쁜 축제적 성격과 더불어 다양한 기독론적 주제들을 회복시켜 준다.

③ 주님의 만찬은 교회가 실천하는 최고의 공동체적 행위다. 그리스도와 그분의 몸 된 지체들과 함께 나누는 공동체적 교제의 기쁨이 성찬의 목적이다. 개인적인, 자기 중심적인, 깊은 내면의 참회적인 성격의 것이 아니다. 일요일은 성찬과 교제의 날이지 개별적으로 하나님을 만나는 날이 아니다.

④ 물이라는 상징이 세례 예식의 개혁 과정에서 회복되듯이, 식사라는 상징이 주님의 만찬을 개혁하면서 회복되어야 한다. 주님께서 그 식사의 주인이시니 온전한 식사라는 상징

성이 주목받도록 충분한 양의 실제 빵과 포도주를 준비해 축복한 뒤 나누어 주어야 한다.

많은 교회가 이 기쁨과 분명한 상징성을 회복하기 위해 보통의 잔과 집에서 구운 보통의 빵을 사용한다. 개신교회는 말씀에만 의존하지 않고, 오래된 성경적 상징을 신뢰하는 법을 다시 배우고 있다. 우리는 다시 한번 주님의 만찬은 단지 말하고 들리는 무언가가 아니라, 맛보고, 만지며, 냄새 맡고, 행동하는 무엇이라는 사실을 배우고 있다.

최종적으로 평가하자면 현재의 예배 개혁 운동은 교회 개혁에 관한 관심만큼 예전 개혁에 많은 관심을 두지는 않는다. 이러한 관심은 예배가 교회의 삶과 사명의 핵심이라는 확신에서부터만 비롯될 수 있다.

따라서 우리의 질문은 세례에 적합한 나이나 예식 순서에 관한 것이 아니라, 어떻게 그리스도인을 만들 수 있느냐이다. 우리의 질문은 어떤 설교 방법론이 현대 청중에게 매력적이냐가 아니라, 어떻게 하면 지금 여기에서 그리스도의 이야기와 말씀이 가장 잘 선포될 수 있느냐다. 우리의 질문은 얼마나 자주 주님의 만찬을 시행해야 하느냐, 혹은 가장 좋은 성찬 본문이 무엇이냐가 아니라, 어떻게 그리스도인들을 양육할 수 있느냐다.

담대하고 신실하게 이러한 질문들을 해 나간다면, 하나님께서 해답을 주시리라 확신한다. 지금 여기에서 하는 우리의 기도와 찬양을 통해 모든 시대 모든 장소에서 예배하며 하나님을 만났던 모든 성도와 만나게 되리라. 그리고 하나님이 모든 시대 모든 장소에서 그들을 만나주셨음을 알게 되리라.

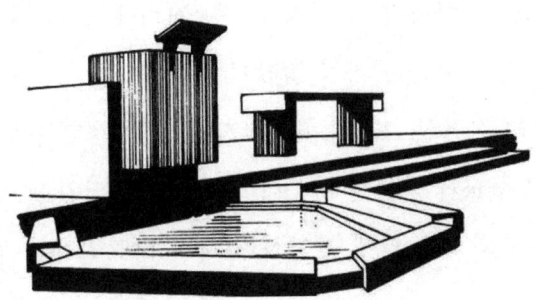

후기

마빈 맥미클(Marvin A. McMickle) 박사
콜게이트 로체스터크로저신학교 학장

    1984년부터 1986년까지 나는 뉴저지교회협의회의 의장으로 섬겼다. 그 모임은 모든 개신교 교단들로 구성되었었다. 뉴어크(Newark)와 트렌턴(Trenton) 그리고 캠든(Camden)에서 온 세 명의 로마 가톨릭 주교들이 함께하지 않았기에 그 모임의 개신교적 성격을 강조했을 뿐이다. 뉴저지에서는 교회에 출석하는 사람 중 로마 가톨릭 신자들이 가장 많았기 때문에 나는 로마 가톨릭의 참여 없이는 진정한 교회의 협의회가 될 수 없다고 주장했다.

    세 명의 주교가 참석한 가운데 회의가 진행되었고, 그들은 왜 그들이 범교회적 모임에 참여하려 하지 않았었는지에 대해 설명했다.

"우리는 당신들이 지금 누구인지, 앞으로 누가 될지 알지 못합니다. 솔직히 말해, 당신들도 스스로에 대해 알 거라 확신하지는 못하겠습니다."

그리고 이어서 말했다.

"개신교 종교개혁 이후 당신들은 찢어지고 또 찢어지기를 반복했습니다."

최종적으로 이렇게 말했다.

"뉴저지에 있는 세 개의 로마 가톨릭 교구들은 개신교회들이 분열을 멈추면 '뉴저지교회협의회'에 참가할지에 대해 고려할 것입니다!"

윌리엄 H. 윌리몬 박사의 이 책을 읽은 뒤 16세기 종교개혁에서 종교개혁가들이 저항했던 모든 이유와 긍정적이든 부정적이든 왜 개혁의 정신이 칼빈과 루터 이후 거의 500년 동안 개신교와 로마 가톨릭의 DNA에 살아왔는지에 대해 생각해 보기 전까지는 그 대화에 대해 깊은 생각을 하지 못했다. 우리의 차이는 대체로 말씀과 세례, 성찬에 있었고, 기독교 예배의 그러한 요소들을 위해 누가 임명받았는지에 대한 권위와 정체성에 있었다.

500년 동안 교회는 설교단과 성찬상 사이의 합당한 균형을 위해 논쟁해 왔다. 유아 세례와 성인 세례에 대해 논쟁해 왔다. 교회의 예배 생활에 있어서 교역자들의 역할에 대한 논쟁이 있었고, 모든 일이 직분을 받은 자들을 중심으로 진행되어야 하는지 만인 제사장이 더 나은 길인지에 대한 논쟁도 있었다.

윌리몬은 교회를 위해 엄청난 일을 해냈다. 그는 우리가 어떻게 현재의 상태에 이를 수 있었는지 볼 수 있도록 도와줬다. 예배의 형식에 있어서뿐 아니라 우리와 다른 형태의 예배하는 이들을 향한 우리의 자세와 행동에서도 말이다.

우리는 열렬한 오순절 교인이면서 자신을 "차가운 택자"(the frozen chosen)라고 부르는 장로교인이다. 상상 이상으로 많은 형태와 다양성을 가진 침례교회들과 감리교회들이며 새로운 많은 독립 교회들이 항상 생겨나고 있다.

거의 모든 경우에 이러한 변화는 예배의 본성에 대한 누군가의 이해, 혹은 말씀, 세례 그리고 성찬을 집례할 수 있는 자격에 대한 누군가의 견해에 의해 생성된다.

나 자신도 일부 교회가 선호하고 요구하는 완전 침수에 의한 침례가 아닌 물 뿌림의 세례를 받은 자들에 대해, 그들이 유아 세례를 받았든 성인이 된 후에 받았든 상관없이 단지 "세탁된"(dry cleaned)사람들이라며 괴롭혀왔었다.

난 사실 희귀한 경험이 있는데, 8살 때 제자회(Disciples of Christ)교회에서 한 번 그리고 23살 때 침례교회에서 또 한 번, 이렇게 두 번 침수에 의한 세례를 받은 것이다.

나는 제자회교회에서 매 주일 주님의 만찬을 받으며 자랐다. 그리고 34년 동안 성만찬을 그리스도의 "실재적 임재"로 보지 않고 그분의 고난에 대한 기억으로 여긴 채 그것을 규범(ordinance)으로 생각하면서 성례(sacrament)로 부르기를 주저하는 침례교회에서 성찬을 집례했다. 어떻게 그리고 왜 기독교 예배가 지난 2천 년간 진화해 왔는지 궁금해하는 이들에게 이 책은 말씀, 세례 그리고 성찬의 신비와 위엄에 대한 귀중한 안내서가 될 것이다!

성경에 따라 개혁된 예배

휴즈 올리판트 올드 지음 | 김상구, 배영민 옮김 | 신국판 | 372면

이 책은 웨스트민스터 신앙고백서가 가르치는 개혁주의 입장에서 예배학을 정의하고 있다. 즉 성부 하나님의 말씀과 성자 하나님의 말씀 구현, 성령 하나님의 실천적인 적용 모델을 기초로 총 10장에 걸쳐 기독교 예배신학의 세부적인 주제들을 다룬다. 저자는 특별히, 기독교 예배는 그리스도의 구속 사역이 분명히 드러나야 함을 강조한다.